Das Gauklermärchen

Michael Ende

Das Gauklermärchen

Ein Spiel in sieben Bildern
sowie einem Vor- und Nachspiel

Besuchen Sie uns im Internet:
www.hockebooks.de

Michael Ende: Das Gauklermärchen.
Ein Spiel in sieben Bildern sowie einem Vor- und Nachspiel

Covergestaltung: Joachim Luetke (www.luetke.com) unter
Verwendung eines Ausschnitts des Gemäldes »Capriccio«
(1962, Öl auf Leinwand, WZ 177) von Edgar Ende,
© VG Bild-Kunst, Bonn 2019

Für die vorliegende Ausgabe:
© 2019 by hockebooks gmbh, Hohenzollernstr. 38, D-80801 München,
Fon: +49 89 45209 220-0, Mail: info@hockebooks.de

Die Originalausgabe ist 1982 im Weitbrecht Verlag in K. Thienemanns
Verlag, Stuttgart / Wien, erschienen.

Bibliografische Information der Deutschen Nationalbibliothek: Die
Deutsche Nationalbibliothek verzeichnet diese Publikation in der
Deutschen Nationalbibliografie; detaillierte bibliografische Daten sind
im Internet über http: / / dnb.dnb.de abrufbar.

Druck: Libri Plureos GmbH, Friedensallee 273, 22763 Hamburg

ISBN: 978-3-95751-262-8

www.michaelende.de
www.ava-international.de

Inhalt

Personen

(Die Unterstreichung bedeutet die betonte Silbe:)

JOJO, der Clown, im Märchen Prinz JOAN

ELI, ein schwachsinniges kleines Mädchen, im Märchen Prinzessin

KALOPHAIN, der Zauberspiegel der Prinzessin *(weibliche Rolle)*

ANGRAMAIN, die große Spinne, auch SMERALDA, die grüne Dame *(männliche Rolle)*

DER NARR des Prinzen Joan

DER EHEMINISTER

PIPPO, Akrobat und Jongleur, Chef der Gauklertruppe

LOLA, die Seiltänzerin

WILMA, die Kunstschützin und Messerwerferin

JUSSUF, Zauberer und Feuerschlucker

BUX, der Bauchredner mit seiner Sprechpuppe OTTOKAR

Gesangs- und Tanzgruppen

DIE SPIEGELBILDER

DIE WÜRDENTRÄGER DES MORGENLANDES

DIE BRÄUTE DES PRINZEN JOAN

DIE FIGUREN DES DAMENSPIELS

Zeit und Ort der Handlung

Das Vor- und Nachspiel in der Gegenwart am Rande eines Industriegeländes. Das Märchen außerhalb der Zeit, im Heute- und im Morgen-Land.

Pause nach dem fünften Bild des Märchens.

Der Vorhang besteht aus vielfach geflickter Zeltleinwand, auf die der Titel *Das Gauklermärchen* in ungeschickter, zirkushaft-ornamentaler Schrift gemalt ist.

Jojo ist im Vor- und Nachspiel etwa fünfzig Jahre alt, im Märchen als Prinz Joan dagegen einundzwanzig. Umgekehrt ist Eli im Vor- und Nachspiel höchstens zwölf, im Märchen als Prinzessin dagegen eine schöne junge Dame um die zwanzig.

Vorspiel

Industriegelände am Rande einer Großstadt. Ein Winterabend. Am Himmel, der noch hell ist, aber während des Vorspiels nach und nach dunkel wird, steht über *der dunstigen Silhouette aus Schloten, Silos und Fabrikgebäuden ein großer, blasser Vollmond. Ein leichter Wind weht kalt und anhaltend.*

Im Vordergrund liegt ein kahler Bauplatz, eben vor dem Beginn der Ausschachtungsarbeiten. An seinem Rande stehen schon Bagger und Baumaschinen aller Art bereit. Dahinter erheben sich die Hallen und Anlagen eines ausgedehnten Chemiewerks.

Mitten auf der freien Fläche stehen gleichsam ängstlich zusammengedrängt drei armselige, ehemals bunte Zirkuskarren. Alles an ihnen, Dächer, Räder und Fenster, ist notdürftig geflickt, ihre Farben sind abgeblättert und von Wind und Wetter verwaschen und ausgebleicht. Es handelt sich um Deichselkarren ohne Pferde. Sie stehen so, dass sie ein kleines, nach vorn offenes Geviert bilden, um Schutz gegen den Wind zu bieten.

In diesem Hof brennt auf der nackten Erde ein Feuerchen, das mit Pappkartons und brennbarem Müll genährt wird. Darum herum hocken und stehen die letzten Mitglieder der Zirkustruppe und wärmen sich. Alle sehen verwahrlost und verhungert aus. Sie tragen gewöhnliche, wenn auch zerschlissene Winterkleidung. Dass es sich um Artisten handelt, kann man nur aus einigen sonderbaren Einzelheiten erkennen.

Bux, der Bauchredner, sitzt nahe am Feuer auf einem alten Koffer. Er ist ein kleiner, zarter Mann um die sechzig, mit weißem Haar und weißem Schnurrbärtchen. Sein Benehmen ist das eines englischen Lords. Er trägt einen schwarzen Mantel, der einstmals hochelegant war, jetzt aber völlig abgetragen und fleckig ist. Auf seinen Knien hält er die Sprechpuppe Ottokar, die wie ein Liftboy gekleidet ist und über ein ungewöhnlich ausdrucksvolles Mienenspiel verfügt. Die beiden sind fast immer miteinander beschäftigt, tuscheln, flüstern sich etwas ins Ohr oder spielen. Bux scheint völlig vergessen zu haben, dass Ottokar nur ein Teil seiner selbst ist. Für ihn ist die Puppe ein lebendiges Wesen.

Neben ihm steht Jussuf, der Zauberer, ein Schwarzer unbestimmbaren Alters, der mit fremdländischem Akzent spricht. Er trägt einen knöchellangen Militärwachmantel, um den Hals einen langen bunten Wollschal, auf dem Kopf einen verbeulten Zylinder. Wenn er redet, zeigt er sein Gebiss und rollt die Augen. Ab und zu machen seine Finger sich selbstständig, lassen eine Zigarette erscheinen und wieder verschwinden, voltigieren mit alten, abgegriffenen Spielkarten oder ziehen einem Kollegen ein Ei aus der Nase. Aber niemand achtet darauf, nicht einmal er selbst.

Auf der anderen Seite des Feuers steht Pippo, der Akrobat und Jongleur, ein rotgesichtiger, untersetzter Mann um die vierzig. Er trägt alte, ausgebeulte Cordhosen, einen dicken Seemannspullover mit Rollkragen und auf dem kahlen Schädel ein kleines, gestricktes Mützchen. Seine Stimme ist heiser, seine Nase läuft, er ist unrasiert. Später, während des Gesprächs, nimmt er manchmal ein paar Steinchen vom Boden auf und jongliert damit oder balanciert einen Stock. Aber zunächst steht er reglos, die Hände in die Hosentaschen vergraben, und starrt ins Feuer.

Neben ihm hockt auf den Fersen die Seiltänzerin Lola und wärmt sich die Hände. Sie ist klein und mädchenhaft zierlich, aber ihr Gesicht sieht alt und verhärmt aus. Sie trägt ihr schwarzes Haar nach Ballerinenart gescheitelt und am Hinterkopf zu einem Knoten geschürzt. Sie hat sich in eine Unmenge alter Decken gewickelt. Wenn sie sich bewegt, sieht man, dass sie darunter allerhand rosa Wollzeug trägt, auch dicke fleischfarbene Strumpfhosen. Um den Hals hat sie eine mottenzerfressene rosa Federboa geschlungen.

Links außerhalb des Wagengevierts steht Wilma, die Kunst-

schützin und Messerwerferin, den Rücken zum Zuschauer gegen einen der Karren gelehnt. Sie späht erwartungsvoll nach dem Chemiewerk im Hintergrund hinüber. Sie trägt Reithosen und lange Stiefel, einen Gürtel mit Revolvertasche, darüber einen Mantel aus schäbigem Katzenfell. Ihr Haar ist karottenrot, ihr Gesicht ist viel zu stark geschminkt.

Auf der anderen Seite des Wagengevierts, rechts im Vordergrund, hockt Eli, ein Mädchen von etwa zehn oder zwölf Jahren, und gräbt mit den Fingern Kanäle von einer Pfütze zur anderen. Sie ist sehr schmutzig. Alle Kleidungsstücke, die sie anhat, sind falsch zugeknöpft und hängen grotesk um ihren kleinen, ausgemergelten Körper. Offensichtlich sind sie ihr aus dem Fundus der Truppe überlassen worden, weil sie zu nichts mehr zu gebrauchen waren. An der Kopfhaltung Elis und an ihren Bewegungen merkt man, noch ehe sie spricht, dass das Kind schwachsinnig ist.

Nach längerem Schweigen wirft Pippo, der Akrobat, wie erwachend einen Blick zum Himmel hinauf und sagt leise:

PIPPO
Jetzt wird es schon dunkel.

LOLA
Und kalt.

Pippo legt wärmend den Arm um sie.

WILMA
(kommt zu den anderen und wärmt sich)
Wir brauchen nicht mehr länger auf ihn zu warten.

JUSSUF
Nein, jetzt kommt er bestimmt nicht mehr.

BUX
Das hätte ich nicht von ihm gedacht. Diesmal nicht.

DIE PUPPE
Ich schon. Das sieht ihm ganz ähnlich.

BUX
Du hältst den Mund, Ottokar!

ELI
Jojo kommt. Eli weiß bestimmt. Jojo ist lieb.

WILMA
Ja ja, »Jojo ist lieb«! Wie oft haben wir schon Vorstellungen ohne ihn geben müssen, weil er plötzlich verloren gegangen war! Der arme Hund gerät immer in Schnapskneipen, die nur einen Eingang, aber keinen Ausgang haben – sagt er.

DIE PUPPE
Kann heute gar nicht passieren.

WILMA
Warum nicht?

DIE PUPPE
Heute gibt's keine Vorstellung, he he he!

BUX
Ach, lass doch deine blöden Witze, Ottokar! Danach ist keinem von uns zumut.

PIPPO
Vielleicht hat er nichts erreicht bei denen. Jetzt schämt er sich und mag's uns nicht sagen.

LOLA
(ironisch)
Ja, manchmal ist er sehr sensibel.

JUSSUF
Dass er so lang nicht zurückkommt, kann aber auch bedeuten, dass er's noch nicht aufgegeben hat. Vielleicht sieht er noch irgendeine Hoffnung.

PIPPO
Und ich wette mit dir um einen Sack voll Geld, dass er uns im Stich gelassen hat!

DIE PUPPE

Bux! Hast du gehört, Bux? Pippo wettet um einen Sack voll Geld!
(Kräht vor Vergnügen)

BUX

Halt endlich den Schnabel, sonst kommst du in den Koffer!

DIE PUPPE

(johlt)
Kain sprach zu Abel:
Halt den Schnabel!
Und stach Abel
mit der Gabel
in den Nabel!
Nicht in den Koffer, Bux! Bitte bitte! Bin ja schon still.

LOLA

Aber, hört mal – wenn sie ihn vielleicht gleich dabehalten haben?
(Sie kreuzt die Handgelenke)

PIPPO

Eingesperrt? Wieso denn?

LOLA

Vielleicht gibt's irgendein Gesetz, das wir übertreten haben. Ich meine, einfach weil wir immer noch hier sind. Vielleicht holen sie uns noch alle miteinander heute Abend.

WILMA

Meinetwegen. Da kämen wir wenigstens ins Warme.

ELI

(ängstlich)
Eli ist lieb. Eli hat nichts getan. Ihr seid alle lieb.

DIE PUPPE

Klar, Eli. Brauchst keine Angst zu haben.
Lola hat nur Spaß gemacht. Niemand tut uns was.

WILMA
Wir hätten jemand hinschicken sollen, der ernsthaft mit den Leuten reden kann.

JUSSUF
Jojo kann von uns allen am besten reden, das steht fest.

WILMA
Ja, Kinder zum Lachen bringen, das kann er. Aber das wird in diesem Fall wenig nützen.

PIPPO
Wir haben alle für ihn gestimmt. Du auch, Wilma.

DIE PUPPE
Ich auch.

WILMA
Wie ich ihn kenne, hat er sich bestimmt falsch benommen. Diese Leute da haben doch immer gleich den Verdacht, dass man sich über sie lustig macht.

ELI
Wilma braucht keine Angst haben. Eli hat auch keine Angst.

LOLA
Was kann er schon erreichen? Im Grund ist es ganz gleich, und ihr wisst es auch. Ob sie uns morgen wegjagen oder erst in ein paar Tagen – hier ist Endstation, alles aussteigen! Seit uns die Gläubiger auch noch die letzten drei Gäule weggeholt haben, was kann Jojo bei den Leuten von der Fabrik erreichen? Dass sie die Bauarbeiten aufschieben, nur damit wir unsere Karren stehen lassen können? Sollen wir sie selber wegziehen? Wohin denn? Und wozu überhaupt? Es ist nichts mehr drin. Alles, was nicht niet- und nagelfest war, hat man schon längst weggeholt. Mir war das alles schon vor zwei Monaten klar, als wir das Zelt und die Kostüme versetzen mussten, um Pferdefutter zu kaufen. Wenn ein Zirkus schon sein Zelt versetzen muss … Die Vorstellung ist zu Ende, Herrschaften.

WILMA
Es hat viel früher angefangen. Macht euch doch nichts vor, ihr wisst genau, was ich meine. Vor drei Jahren, genau an dem Tag, als wir dieses Unglückswurm da aufgefischt haben. Ich war gleich dagegen, aber niemand hat auf mich gehört. Vorher waren wir zwölf, aber dann waren wir auf einmal dreizehn. Dreizehn! Ihr wisst alle, was das bedeutet. Erst wurde Nick krank. Dann ist Carlo verunglückt und im Jahr drauf hat uns Leo und seine Familie verlassen. Von dem Tag an ist im Grunde alles schiefgegangen. Wir hätten das Kind nicht mit uns nehmen dürfen – oder wir hätten gleich noch jemand dazu engagieren sollen, damit wir vierzehn gewesen wären. Aber dreizehn!

PIPPO
Dazu engagieren! Wen denn? Womit denn?

LOLA
Wir konnten das Kind doch nicht einfach im Straßengraben liegen lassen, Wilma. Eli war todkrank. Sie wäre einfach umgekommen.

JUSSUF
Außerdem bringen Bucklige und Schwachsinnige Glück, das weiß jeder, Wilma. Sie sind heilig.

WILMA
Glück? Na, da schau uns doch an!

PIPPO
Eli ist bestimmt nicht schuld dran.

WILMA
Schuld! Wer redet denn von Schuld, Pippo? Die Zahl ist es eben gewesen, die Zahl, verstehst du?

LOLA
Seid doch leise, sie hört doch zu.

WILMA
Ach was, sie versteht doch nichts.

ELI

(geht zu Wilma und streichelt sie)

Wilma ist lieb. Eli ist auch lieb, ja? Alle sind lieb.

(Sie geht zu jedem und streichelt ihn zart. Alle schweigen beschämt und blicken zu Boden. Sie streichelt auch die Puppe.)

DIE PUPPE

Und überhaupt: Mit mir waren wir nämlich vierzehn!

BUX

Du zählst leider nicht, Ottokar.

(Pause)

PIPPO

Ob wir's nicht doch noch mal bei einem großen Zirkus versuchen? Vielleicht gibt's einen, der uns brauchen kann.

LOLA

Uns alle zusammen?

PIPPO

Alle oder keinen. So hatten wir's doch ausgemacht. Wir bleiben auf jeden Fall zusammen. Oder denkt einer von euch inzwischen anders darüber?

JUSSUF

Bei den fünf Größten hast du doch schon gefragt. Sie haben uns weggeschickt.

PIPPO

Es gibt noch andere.

WILMA

Ach Pippo – mach dir doch keine Illusionen! Wir sind einfach nicht gut genug. Keiner von uns. Heutzutage muss man Weltnummern bieten, sonst hat man keine Chance. Das Publikum ist nicht mehr wie früher.

BUX

Nicht mal die Kinder. Sie haben alles schon hundertmal besser im Fernsehen gesehen. Sogar auf den Dörfern. Für jeden von uns wär's besser, umzulernen und ein nützliches Mitglied der menschlichen Gesellschaft zu werden.

DIE PUPPE
Ich auch? – Sag mal, Bux, tut das weh?

BUX
Ein bisschen.

DIE PUPPE
Dann lauf ich lieber davon!
(Sie strampelt)

BUX
Gib Ruhe, mein Kleiner. Ohne mich kannst du nicht weg.

WILMA
Habt ihr gehört, dass Leo jetzt beim Film ist? Als Double für gefährliche Szenen. Er verdient nicht schlecht, heißt es.

PIPPO
Ja, er hat uns eben im Stich gelassen.

WILMA
Früher oder später werden wir alle so weit sein.

ELI
Jojo kommt! Da kommt Jojo!
(Sie läuft ihm entgegen und umarmt ihn stürmisch)
Jojo! Jojo! Eli hat so gewartet!

Jojo, ein Mann um die fünfzig, trägt einen schäbigen, ausgefransten Wintermantel. In der ausgebeulten Tasche steckt eine Flasche. Auf dem Kopf sitzt schief eine fleckig-weiße, spitze Clownsmütze, *die er zur Begrüßung der Kollegen zeremoniell abnimmt, wobei er sich nach allen Seiten tief verneigt, als empfinge ihn brausender Applaus. Er trägt ein Bandonion auf dem Rücken.*

PIPPO
Also erzähl schon, Jojo!

LOLA
Hast du was erreicht, Jojo?

JOJO
(schüttelt den Kopf)
Ja.

WILMA
Was denn nun? Ja oder nein?

JOJO
(nickt heftig)
Nein.

PIPPO
Jojo, lass jetzt die Faxen!

BUX
Was hast du gemacht, Jojo?

DIE PUPPE
Warum bist du so lang nicht wiedergekommen, Jojo?

JOJO
Weil …
(Er denkt angestrengt nach)
weil …
(Er schlägt sich vor die Stirn)
Also, vorhin hab ich's noch gewusst. Ganz bestimmt! Es muss mir hier irgendwo entfallen sein …
(Er sucht auf dem Boden herum)

WILMA
Na bitte, was hab ich gesagt. Er ist zu nichts zu gebrauchen.

PIPPO
Dann war also alles umsonst? Sag doch, Jojo!

Jojo macht abwehrende Bewegungen und sucht weiter auf dem Boden.

BUX
Das war vorauszusehen, Ottokar.

DIE PUPPE
Alles ganz logisch, Bux.

JUSSUF
Solche Zähne haben die, solche Zähne! Sie machen mir Angst.

LOLA
Was redest du denn, Jussuf? Wen meinst du?

JUSSUF
Die Ungeheuer. Die Drachen. Die Saurier. Da drüben und da und da.

LOLA
Ach, die Baumaschinen! Das sind doch Bagger und Krane.

JUSSUF
Sie warten. Sie stehen da und warten. Auf uns.

PIPPO
Quatsch doch nicht, Jussuf! Nimm dich zusammen! Was sollen die uns denn tun? Wir sind doch in einem zivilisierten Land! Wir gehen einfach nicht weg. Wir bleiben alle zusammen. Dann können sie uns gar nichts tun. Meinst du, die baggern uns einfach unter?

JOJO
Halt! Jetzt hab ich's wieder! Wisst ihr, was ich getan habe? Leid! Und zwar sehr.

WILMA
Wem hast du denn leidgetan, Jojo?

JOJO
(mit großer Geste)
Allen.

PIPPO
Das ist ja großartig. Und was hast du sonst noch getan?

JOJO

Ich habe mit der allerhöchsten Generaldirektion persönlich gesprochen.

PIPPO

(fassungslos)
Hast du?

JOJO

(stolz nickend)
Hab ich.

PIPPO

Mit der Generaldirektion von diesem Werk da?

JOJO

Jawohl, und zwar persönlich. Von Person zu Person, versteht ihr? Sie hier, ich da. Oder vielmehr umgekehrt. Sie da, ich dort. Und wisst ihr, was sie mir gesagt hat, die höchstpersönliche Generaldirektion? Sie hat mir gesagt, dass es ihr leidtut, sehr, sehr leid. Und zwar persönlich.

PIPPO

Und was tut ihr persönlich leid, Jojo?

JOJO

Dass alles schon festgelegt ist und dass sie auch nichts mehr daran ändern kann. Hier, wo wir stehen, baut der Chemiekonzern eine neue Fabrikhalle, die er dringend benötigt. Morgen früh beginnen die Arbeiten. Hier wird alles eingeebnet, ausgeschachtet, umgebuddelt, aufgegraben, platt gewalzt. Auch unsere Karren, wenn sie zufällig noch herumstehen sollten. Aber wir haben natürlich noch Zeit bis morgen früh, sie woanders hinzustellen.

PIPPO

Nämlich? Wohin?

JOJO

(deutet da hin und dort hin, lässt dann die Arme sinken)
Siehst du, Pippo, genau das habe ich auch gefragt.

PIPPO

Und was hat dir die Generaldirektion gesagt?

JOJO

Du behältst aber auch gar nichts, Pippo: Dass es ihr leidtut.

PIPPO

(setzt sich nieder)

Dann sind wir erledigt. Aus und vorbei.

DIE PUPPE

Du, Jojo! Hör mal, Jojo! Haben die dir wirklich gar nichts anderes gesagt?

JOJO

Doch, jetzt erinnere ich mich. Was war es nur? Ah, richtig. Sie wollen uns engagieren.

PIPPO

Was wollen sie?

JOJO

Uns engagieren.

PIPPO

Uns alle zusammen?

JOJO

Uns alle zusammen.

WILMA

Und das sagst du erst jetzt?

PIPPO

Moment mal! Moment mal! Als was wollen sie uns engagieren?

JOJO

(zieht ein Papier aus der Tasche)

Als Werbe-Zirkus. Hier ist der Vertrag. Wir brauchen nur zu unterschreiben. Wir bekommen neue Wagen, motorisierte natürlich. Und neue Kostüme. Und überhaupt alles neu. Auch lauter neue Nummern. Die denkt sich die Reklameabteilung für uns aus. Natürlich auch einen neuen Namen, unser Zirkus heißt wie die Firma.

WILMA
Und die Bezahlung?

JOJO
Nicht schlecht.

WILMA
Kinder – es geschehen noch Zeichen und Wunder!

JUSSUF
Und was müssen wir dafür tun?

JOJO
Wir ziehen durch die Gegend und machen Reklame für die chemischen Produkte der Firma. Vor allem auf dem Land, in den Dörfern. Aber auch in der Fernsehwerbung sollen wir auftreten.

PIPPO
Das ist die Rettung.
(Er weint)

LOLA
(nimmt ihn tröstend in den Arm)
Wir werden noch ganz groß.

PIPPO
Hat jemand einen Einwand?

JOJO
(hebt den Finger)
Ich, bitte.

WILMA
Natürlich! Er! – Was gibt's denn da zu überlegen?

PIPPO
So rede doch, Jojo!

JOJO
Die Herrschaften haben eine kleine Bedingung. Wir müssen uns von Eli trennen.

JUSSUF

Von Eli? Warum denn?

JOJO

Sie sagen, es macht keinen guten Eindruck, wenn ausgerechnet – so ein Kind bei uns ist. Wir sollen doch um Vertrauen zu ihren chemischen Produkten werben, sagen sie. Wir sollen doch den Leuten zeigen, wie harmlos und nützlich das Zeug ist, das die Firma verkauft – sagen sie. Und so ein Kind könnte die Leute auf ganz falsche Gedanken bringen – sagen sie. Und das wollen sie nicht.

LOLA

Und was soll dann aus Eli werden?

JOJO

Oh, da brauchen wir uns keine Sorgen zu machen, sagen sie. Die Firma unterhält ein Institut für solche Kinder. Alles nach modernsten Erkenntnissen. Fabelhafte Apparate, fabelhafte Ärzte, fabelhaftes Pflegepersonal. Alles fabelhaft wissenschaftlich. Da wollen sie Eli aufnehmen.

WILMA

(nach einer Pause)

Na, dann ist doch alles in Ordnung. Da ist sie bestimmt besser aufgehoben als bei uns. Die können ihr vielleicht sogar helfen. Was sagst du, Eli? Möchtest du nicht in ein schönes Heim, wo du vielleicht wieder gesund wirst und allerhand lernst?

ELI

(hält ängstlich Jojos Hand fest)

Eli ist lieb. Ihr alle seid lieb, ja?

JOJO

Ihr wisst ja, dass ich dumm hin. Zu dumm für so was. Wir müssen das alle gemeinsam entscheiden. Bis morgen früh haben wir Zeit. Aber mir ist da noch was eingefallen. Vielleicht ist es ganz dumm. Wisst ihr noch, wie das war, damals vor drei Jahren? Da waren wir doch in so eine Gegend geraten, wo es plötzlich so komisch roch. Die Leute waren alle auf der Flucht. Auf der Straße lagen überall tote Hühner und Hunde und Katzen. Und dann fing es zu regnen an und das Gras wurde gelb. Nachher stand in den Zeitungen, dass es eine Giftwolke war. Damals ist Nick krank geworden, und er ist es bis heute geblieben. Und damals haben wir Eli gefunden, wie sie im Straßengraben dahinkroch. Das war es, was mir eingefallen ist.

PIPPO

Ja, das war eine Katastrophe. Irgendein Schaden in einer Fabrik, die zehn Kilometer weit weg war. Warum erzählst du das?

JOJO

Die Fabrik gehörte zu der gleichen Firma wie diese hier. Und sie produzieren hier das Gleiche. Und dafür sollen wir Reklame machen – und uns von Eli trennen.
(Alle schauen sich ratlos an)

WILMA

(unruhig)
Kinder, jetzt will ich euch mal was sagen: So wie's um uns steht, können wir's uns nicht aussuchen. Wir müssen nehmen, was sich uns bietet. Wenn wir's nicht tun, dann werden wir die Welt auch nicht ändern. Und außerdem, wir sind schließlich nicht verantwortlich für das, was die da machen.

JOJO

(schaut sie lange an)
Nein? – Ich bin zu dumm dazu, ihr müsst entscheiden, was wir tun.
(Lange Pause)

DIE PUPPE

Redet doch nicht alle auf einmal!
(Jojo nimmt sein Bandonion und beginnt leise seine Melodie zu spielen)

ELI

(zupft ihn am Ärmel)
Jojo? – Jojo ist lieb. Jojo erzählt Eli was.

JOJO

Eine Geschichte? Ich glaube, mir fällt heute nichts ein. Ich bin ganz dumm, mein Kind. Das weißt du doch.

ELI

(lacht)

Nein. Ist nicht wahr. Jojo erzählt Eli ein Märchen, ja?

JOJO

(setzt das Bandonion ab)

Ein Märchen? Und von wem soll's handeln?

ELI

Von uns.

(Zeigt auf jeden Einzelnen)

Von Eli und Jojo und allen.

JOJO

(zieht die Flasche aus seiner Tasche, trinkt einen Schluck, blickt sich nachdenklich im Kreise seiner Zuhörer um, die zögernd nähertreten, nimmt noch einen Schluck und stellt die Flasche vor sich hin)

Wir wollen sehen, wie es geht …

(Er beginnt wieder leise auf dem Bandonion zu spielen. Während seiner Erzählung wird es rasch dunkel. Die Szene erlischt. Man hört nur noch Jojos Stimme.)

Also, hör zu, Eli. Es war einmal eine schöne kleine Prinzessin mit Namen Eli, die ging in Samt und Seide und wohnte hoch über der Welt in einem Schloss aus buntem Glas. Sie hatte alles, was man sich nur wünschen kann. Sie aß nur die feinsten Speisen und trank nur den süßesten Wein. Sie schlief auf seidenen Kissen und saß auf Stühlen aus Elfenbein. Sie hatte alles – aber sie war ganz allein. Denn alles um sie her, ihre Dienerschaft und ihre Kammerfrauen, ihre Hunde und Katzen und Vögel, ja sogar ihre Blumen – alles das waren nur Spiegelbilder …

Die Musik geht weiter, bis das nächste Bild erscheint.

Das erste Bild

Langsam taucht aus dem Dunkel das Schloss aus buntem Glas hoch über der Welt auf. Ein großer Saal.

Morgensonne bricht sich funkelnd und in tausend Farbenspielen in den durchsichtigen Wänden und Säulen. Prinzessin Eli ruht in einem riesigen Himmelbett. Aus dem schwachsinnigen Kind aus dem Vorspiel ist jetzt eine wunderschöne junge Dame zwischen sechzehn und zwanzig geworden. Kammerfrauen kommen herein und bringen ein herrliches Kleid. Sie ziehen die Vorhänge des Himmelbettes auf und wecken die Prinzessin. Eli erhebt sich und wird während des Folgenden von den Dienerinnen mit allerlei kostbaren Duftwässern gewaschen, danach angekleidet, gekämmt und geschmückt.

Zuletzt wird ihr ein funkelndes Krönchen aufgesetzt.

ELI

Ein neuer Tag! Ein neues Kleid!
Zu neuem Spiel macht mich bereit,
Ihr stummen Dienerinnen!
Was woll'n wir heut beginnen?

Nur Spiel ist all mein Leben.
In ewig gleicher Heiterkeit
Vergeht mir Zeit – und doch nicht Zeit.
Ach, dass ihr Spiegelbilder seid
Und könnt nicht Antwort geben!
Auch jede Blume, jedes Tier,
Nur Spiegelbilder alles hier …

Ich hab geträumt, ich wär weit fort
An einem andern, fremden Ort,
An einem dunklen, schlimmen …

Dort waren Wesen so wie ich,
Die sprachen, sangen, riefen mich
Und hatten Menschenstimmen …

Sie gaben *Antwort* und das war
So tröstlich und so wunderbar …

O spräche eine doch zu mir
Einmal wie dort auf Erden!
Ich wollte lauschen, lauschen ihr
Und niemals müde werden.

Und doch – um ihnen nah zu sein,
Muss man hinab ins Erdenreich,
Muss sterblich werden, ihnen gleich …

Wie bang mir wird! – Nein, nein, o nein!
Im Schloss aus buntem Glase bleib'
Ich immer Kind und Königin,
Im Reiche außerhalb der Zeit,
Wo ich *unsterblich* bin.

Von fern ist ein vielstimmiges gläsernes Klingen vernehmbar, das sich nähert.

ELI
Mein Zauberspiegel naht, mein Kalophain!

KALOPHAIN
(eine dunkle Frauenstimme, noch entfernt)
Wende dich ab, mein Kind! Sei weise!
Mein Anblick könnte dir verderblich sein!

ELI
(sich abwendend)
Komm nur und ruhe aus von deiner Reise!
Ich warte schon auf dich, du Schöner, Milder!
Hast du von deinem Weg durch Tag und Nacht
Mir wieder tausend neue Spiegelbilder
Zu tausend neuen Spielen mitgebracht?

KALOPHAIN
(schon nah)
Ich komme erst, wenn du die Augen schließt,
Dass du dein eignes Bild in mir nicht siehst!

ELI

(bedeckt die Augen mit der Hand)

Dass ich mein Bild in ihm nicht schauen soll,
Das sagt er mir tagaus, tagein.
Ich folge seinem Rat vertrauensvoll,
So bleibe ich unsterblich – und allein.

Der Zauberspiegel schwebt groß wie eine Mondscheibe herein und senkt sich nieder. Er wird von einer silbernen Frauengestalt getragen, die mit seinem Rahmen verwachsen und wie aus Ornamenten gebildet ist.

KALOPHAIN

Gehorsam meiner kleinen Herrin, dir,
Bring' ich, was ich an Bildern aufgefangen.

ELI

(für sich)

Wie anders klingt doch diese Stimme mir,
Als die in meinen Träumen klangen!

KALOPHAIN

Befiehlt Prinzessin Eli anzufangen?

ELI

Nein, warte noch! Gib Antwort erst und sprich:
Wenn du die Menschen siehst bei deinem Schweben
Hoch über ihrer Welt und ihrem Leben –
Was macht, dass sie so anders sind als ich?
Was haben sie, das ich nicht haben kann?

KALOPHAIN

Nein, kleine Herrin, denke nicht daran!

ELI

Und doch, ich will's! Du sollst mir Antwort geben!

KALOPHAIN

(beginnt betörend zu klingen und zu singen)

Ach lass dir genügen
Am keuschen Vergnügen,
Die Bilder zu schaun!
Schicksallos schweben

Hoch über dem Leben
In ewigem Traum!
Die Bilder, sie schweigen –
So bleibst du dein eigen
Für ewige Zeit.
Mit ihnen zu spielen,
Lässt Liebe nicht fühlen
Und tut dir kein Leid.

ELI
(wie in süßer Betäubung)
Zwar ganz versteh' ich nicht den Sinn –
Es klingt so süß. Ich schwinde hin
In deinem sanften Schimmer …

KALOPHAIN
Durch meine zärtliche Magie,
die Fragen – nun vergisst du sie!
(Für sich)
Und so verliere ich dich nie
Und du bleibst mein für immer.

ELI
(erwachend)
Was wollt' ich denn? Ich weiß es nimmer …
Was sagst du, lieber Kalophain?

KALOPHAIN
Du wirst mit mir zufrieden sein.
(Das Spiegelrund beginnt zu leuchten)
Heraus, heraus, ihr lustigen Scheingestalten!
Nun tretet aus dem silberlichten Rund!
Ihr Bilder, die mein Zauber festgehalten,
Nun löst euch wieder, lebensvoll und bunt!

Aus der Tiefe des Spiegels kommen fantastische Figuren aller Art, Tiere, Fabelwesen, Menschen in seltsamen Kleidern. Sie treten aus dem Spiegelrahmen und erfüllen den Saal. Auch die Personen aus dem Vorspiel sind darunter, jetzt aber in ihren prachtvollen Zirkuskostümen. Die Spiegelbilder beginnen einen labyrinthischen Reigentanz, der immer verwirrender wird.

KALOPHAIN
Schwebenden Wegs über Länder und Meere,
Hoch über Städte und Felder dahin
Zog ich als regloses Aug' meine Sphäre,
Schauend und sammelnd mit gläsernem Sinn.
Was ich da auffing an mancherlei Schätzen,
Schön oder seltsam und wunderlich gar,
Bring ich zum Spiel und zum reinen Ergötzen
Dir, meiner kindlichen Herrin, nun dar!

Der Tanz der Spiegelbilder wird wilder und wilder. Als letztes tritt Jojos Bild hervor, jetzt aber als Prinz Joan. Der Darsteller des alten Clowns aus dem Vorspiel erscheint nun als schöner junger Mann in der fürstlichen Kleidung eines Märchenprinzen. Er verschwindet sogleich im Wirbel der Tanzenden.

ELI
Steht still! Verdeckt mir nicht
Dies schöne Angesicht!
Schon ist es fort! O holder Augen Glanz!
Ich will sie wiedersehn.
Hört auf, euch wild zu drehn!
So haltet ein! Zu Ende sei der Tanz!

Der Tanz bricht ab, die Spiegelbilder erstarren.

KALOPHAIN
Was ist dir, kleine Herrin mein?
Es war ein Bild wie andre mehr.
Erfreu dich dran und lass es sein!
Ist dies nicht lustig? Sieh nur her!

ELI
(hat das Bild des Prinzen gefunden und steht vor ihm)
Wie trifft es mich
So wunderlich!
Ich kann es nicht begreifen, ach!
Dies Antlitz hier,
Es ruft in mir
Ein tiefes, dunkles Ahnen wach.
O Kalophain,

O Spiegel mein,
Nie gabst du mir ein Bild wie dies.
Wo nahmst du's her?
Und wer ist er,
Der dir dies schöne Abbild ließ?

KALOPHAIN
Ich weiß es nicht. Und hätte ich bedacht,
Was es dir tut, ich hätt' es nicht gebracht.

ELI
So such ihn! Frage, wie er heißt!
Bring ihn zu mir! Willst du, so wird's gelingen.

KALOPHAIN
Ihn bringen? Herrin, ach, du weißt:
Ich kann es nicht. Ich bin ein Geist
Und kann nur Bilder bringen.

ELI
Du willst nicht?

KALOPHAIN
Zähme deinen Willen!
Vergiss den Wunsch! Er kann sich nicht erfüllen.

ELI
Vergessen? Was mich ahnungsschwer
Anweht aus dunkler Zukunft her
Als meines Lebens heimlich-tiefstes Leben?
Vergessen? Ihn? Wie könnte ich das tun!
Und kann ich anders ihm kein Zeichen gehen,
So werd' ich dafür sterblich nun!
(Sie nähert sich dem Spiegel)

KALOPHAIN
Zurück, zurück! Du bringst dich in Gefahr!
Was hast du vor? Halt ein, halt ein!

ELI
Du Zauberspiegel hell und klar,
Mein Kalophain,
Hör meinen Willen!

Was mir auch droht,
Du sollst mein Gebot
Gehorsam erfüllen!
Nimm auf mein Bild und trag es hin
Weit über Land und Meer!
Vielleicht weiß er nicht, wo ich bin.
Vielleicht irrt er umher.
Vielleicht blickt er gerade auf
Und sieht mein Bild in dir.
Vielleicht folgt er dann deinem Lauf
Und findet so zu mir.
(Sie tritt entschlossen vor den Spiegel und erblickt ihr Bild)

KALOPHAIN
Zu spät! Ach, zu spät! Mit deinem Gebot
Nun hast du erzwungen die eigene Not!

ELI
Wie wird mit einem Mal mir gar so eigen?
Verwandelt fühle ich mich ganz und gar!

KALOPHAIN
Du sahst dein Bild! Du, die unsterblich war –
Und ich, unsel'ger Spiegel, muss dir's zeigen!

ELI
Was drängt und brennt in mir? O Kalophain,
Ich hab ein Herz! – Doch scheint's nur halb zu sein.
Dass mir die andre Hälfte fehlt,
Wie arm und elend macht es mich!

KALOPHAIN
Die Sehnsucht ist es, die dich quält,
Doch größ're Leiden warten nun auf dich.

ELI
Verlängere sie nicht! Lass sie nicht ungestillt!
Erheb dich! Eile! Fliege in die Ferne!
Gewiss erblickt er, der mir fehlt, mein Bild.

KALOPHAIN
Ich will es tun. Doch tu' ich es nicht gerne.

Elis Bild bleibt im Zauberspiegel, während dieser sich erhebt und entschwebt.

ELI

Ihr Spiegelbilder fort! Geht in den Garten!
(Die Spiegelbilder gehorchen. Eli zwingt das Bild des Prinzen, das auch entschwinden will, mit einer Gebärde zu bleiben.)
Nur dieses eine will ich vor mir sehn,
Will achten nicht, wie Tag und Nacht vergehn,
Will warten – warten – warten –

Alle anderen Spiegelbilder gleiten hinaus. Eli und das Bild des Prinzen stehen sich gegenüber, während es langsam dunkel wird.

Das zweite Bild

Nacht. In der Leere leuchtet langsam ein riesenhaftes Spinnennetz auf. In seiner Mitte sitzt Angramain, die große Spinne. Diese Rolle wird von einem Mann gespielt.

Der Zauberspiegel, der das Bild der Prinzessin Eli in sich trägt, schwebt herein und verfängt sich im Netz.

KALOPHAIN
O weh! O weh!
Wem bin ich da ins Netz gegangen?
Ich kann mich nicht befrein!
O weh! O weh! Nun muss ich hangen
In arger Not und Pein!

ANGRAMAIN
(tastend, geblendet)
Johe! Johe!
Was mir da grad ins Netz gegangen,
Scheint rund und fett zu sein!
Johe! Johe! Gleich mit Verlangen
Verleib' ich es mir ein!

KALOPHAIN
Was führst du Grässliches im Schilde?

ANGRAMAIN
Hab' ich dich fest, du hübsches Lichtgebilde?

KALOPHAIN
O ich erkenn' dich, Spinne Angramain!

ANGRAMAIN
Auch ich erkenn' dich, Kalophain!
Doch liegt mir nichts an dir und deiner Nähe –
Und nichts an jenem Bild, das ich erspähe.
Wer mir nur Schein zu bieten hat,
Macht mich nicht hungrig und nicht satt.

KALOPHAIN
So lass mich ziehen, Angramain!

ANGRAMAIN
Das möchtest du wohl gern? O nein!
Bist du auch selber mir zu schlecht,
So kommst du mir doch grade recht
Zu andrem Zweck – drum schwöre,
Zu tun, was ich begehre!

KALOPHAIN
So rede denn! Ich höre.

ANGRAMAIN
Es gibt ein Land, das ist selbst mir verborgen.
Im Gestern liegt es nicht und nicht im Heute,
Doch in der Zukunft liegt es, liegt im Morgen.
Man sagt, es reicht in ungemess'ne Weite,
Dies viel gerühmte Morgen-Land.
Sag, hübscher Spiegel, ist es dir bekannt?

KALOPHAIN
Ach, dass du dieses Land mir nennst!
Ich soll zu Prinz Joan, des Landes Herrn.

ANGRAMAIN
Du, der du alles siehst und alles kennst,
Erzähl mir mehr. Ich bilde mich so gern.
Ist jenes Reich vollkommen und beständig?
Endgült'ge Ordnung ein für alle Mal?

KALOPHAIN
Vollkommen? Nein, es ist lebendig!
Und jene, die dort wohnen, sind's zumal.
Dort sind die Menschen frei in ihrem Geist,
Zu schaffen, was ihr Innerstes sie heißt.
Dem selbst gegebenen Gesetz fügt jeder sich.
Der Erde Güter teilt man brüderlich:
Man wirkt zusammen, hilft sich arbeitsteilig.
Jeder ist Künstler dort auf seine Art.
Das absichtslose Spiel ist ihnen heilig,
Weil es des Menschen Freiheit offenbart.
Und keiner macht dem andern angst und bang,
Denn niemand übt dort Macht aus oder Zwang.

ANGRAMAIN
Nicht Angst noch Macht? Was nennt er sich dann König?

KALOPHAIN
Weil er, der Träumer, sich dies Land erträumte.

ANGRAMAIN
Führ mich zu ihm! – Gib zu, ich ford're wenig!

KALOPHAIN
Ich könnt' es wohl – zumal ich nichts versäumte.
Doch wenn ich's tue, hilfst du dann auch mir?

ANGRAMAIN
Zwar ist das Helfen nicht grad mein Pläsier,
Doch wenn es sein muss, muss es eben sein.

KALOPHAIN
So will ich dich denn führen, Angramain.
Ich frag' nicht nach den Plänen, die du spinnst.
Ich hab' nicht teil am Bösen, das du sinnst.

ANGRAMAIN
Kein Makel trifft dich. Du bleibst blank und rein.
Fürwahr, du heißt mit Recht der Schöne Schein!
Doch sag, was wolltest du dir ausbedingen?

KALOPHAIN
Du musst – dies schwöre mir! – den Prinzen zwingen,
Dass er sein Auge nie zu mir erhebe,
Wenn ich auf meiner Bahn vorüberschwebe,
Dass nie das Bild er sehe, das ich trage.

ANGRAMAIN
Das hätt' ich ohnedies getan!
Es passt dein Plan zu meinem Plan.
Du siehst, auch ich stell' weiter keine Frage.
(Der Spiegel leuchtet auf)

ANGRAMAIN
(geblendet)
Lass, eifersücht'ger Spiegel, dieses Glänzen!

KALOPHAIN
Glaub nicht, es wäre Freundschaft, was uns eint!

ANGRAMAIN
Wie gut man sich versteht, selbst Feind und Feind,
Wenn die Int'ressen sich so schön ergänzen!

KALOPHAIN
So sind wir einig?

ANGRAMAIN
Unser Handel endet.

KALOPHAIN
Ich führe dich.

ANGRAMAIN
Prinz Joan wird verblendet.

KALOPHAIN
So löse mir die Fessel, die mich band!

ANGRAMAIN
Flieg zu! Ich folge dir – ins Morgen-Land!

Plötzliche Dunkelheit

Das dritte Bild

Großer Thronsaal im Palast des Morgen-Landes. Die Architektur ähnelt nicht der arabisch-orientalischen, sondern ist aus vegetativen Formen gebildet, als sei der ganze Bau gewachsen wie eine Pflanze, oder vielmehr wie viele Pflanzen, deren Formen ineinander übergehen. Auf dem erhöhten Thron sitzt der junge Prinz Joan, auf den Stufen zu seinen Füßen sein Narr. Vor ihnen stehen die Würdenträger und der Eheminister.

Alle tragen fantastische, farbenprächtige Kostüme.

CHOR DER WÜRDENTRÄGER
Freudig bewegt
Das Herz uns schlägt,
Privat und auch von Amtes wegen!
Einstimmig wie
Bisher noch nie
Hast du des Ministeriums Segen.
Es jauchzen unsre Seelen –
Soweit es schicklich!
Dein Wunsch, ein Weib zu wählen,
Er macht uns glücklich.

JOAN
Ich dank' euch herzlich, meine Herren – allein,
Von meinem Wunsch kann keine Rede sein.
Der Herr Minister für die königliche Ehe
Ist es, durch den ich mich getrieben sehe.
Ich selber hätte nicht so große Eile.
Ich wählte lieber nicht – nicht jetzt sofort.
Warum nicht warten wir noch eine Weile?

EHEMINISTER
Erlaubt mir, Majestät, ein Wort:
Seit einundzwanzig Jahren Eures Lebens
Wart' ich nun schon in meinem Amt vergebens.
Die andern Könige – das lehren die Annalen –
Heiraten jährlich, jedenfalls die meisten,
Oder doch ab und zu – wie's eben geht.

Ja, *da* hat man zu tun, kann etwas leisten!
Doch ich, wie steh' ich da? Als Nullität!

NARR
Da hat er recht! Wann hat man je vernommen,
Dass ein Minister für sein Nichtstun Geld bekommen?

EHEMINISTER
Und zweitens gibt's in morgen-länd'schen Reichen
Uralte, heilige Tradition – und zwar:
Dass unsre Prinzen sich vermählen in dem Jahr,
In welchem sie die Mündigkeit erreichen.

NARR
Uralte Tradition? Obgleich dies Land
Nicht älter ist als Jojo, der's erfand!

EHEMINISTER
's ist Tradition, weil's Tradition ist! Wer wird fragen
Nach Sinn und Zweck! Der Sitte beugt man sich!
Drittens ...

JOAN
Genug, genug! Ich gebe mich geschlagen.
Die Gründe überzeugen gründlich mich.

NARR
Mich auch – denn sie sind närrischer als ich.

JOAN
So lasst uns mit der Brautschau gleich beginnen!

EHEMINISTER
Wir haben, Prinz, aus den Bewerberinnen
Die schönsten nur, die sanftesten und feinsten,
Vornehmsten, sittsamsten und tugendreinsten,
Kurzum, die besten Jungfraun Euch gebracht.
Sie alle haben sich so hübsch gemacht,
Wie's irgend ging, denn jede der Bewerberinnen
Brennt ganz und gar darauf, Euch zu gewinnen.

NARR
Warum denn nur? Mir würd' er nicht gefallen.

EHEMINISTER
Weil Prinz Joan wohl zweifellos von allen
Der schönste Jüngling und der beste Sänger,
Geistvollste Plauderer, größte Humorist,
Genialste Dichter und – die Liste wär' noch länger –
Auch der galanteste Liebhaber ist!

NARR
Hör, Jojo, übertreibst du nicht zu sehr?

JOAN
Ich? Wieso ich? Das alles sagt doch er!

NARR
Schon, schon! Doch unter uns: Im Grund genommen,
Der all das hier erzählt, der bist doch du.

JOAN
Pst, Narr, sei still! Man hört uns zu.
(laut)
Man lasse meine Bräute kommen!

EHEMINISTER
Ich geh' sie holen aus dem Brautgemach.
(geht ab)

NARR
Du scheinst so blass. Denkst du am Ende nach?

JOAN
Ja, Narr. Und weil es närrisch ist, verrückt,
Will ich dir sagen, was mein Herz bedrückt:
Mir wird so sonderbar und traurig nun,
Als sei ich im Begriffe eben,
Unwiderruflich falschen Schritt zu tun.
Fremd werde ich mir selbst und meinem Leben.
Sind Mann und Frau nicht Hälften einer Welt?
Die beiden richtigen nur ergeben eine Sphäre,
Ergänzen sich in Fülle und in Leere,
Wenn man behutsam sie zusammenhält.
Doch wenn man die leichtfertig, mit Gewalt,
Zusammenpresst, die sich nicht angehören,
Zerspringt die zarte Fügung der Gestalt.

Wie, wenn wir damit schon die Welt verlören?
Denn wer die Harmonie, die alles Sein beseelt,
Im kleinen Kreis zerstört, zerstört sie auch im All.
Ich sollte warten auf die Hälfte, die mir fehlt
Zum lichten Stern aus schimmerndem Kristall.

NARR
Wenn's närrisch war, was Joan eben sprach,
Dann rät sein Narr ihm: Handle nun danach!

Die Bräute ziehen ein. Sie tragen lauter verschiedene, einander an Reiz und Schönheit überbietende Kostüme. Zunächst begrüßen sie den Prinzen durch einen tiefen Knicks. Die Musik beginnt.

CHOR UND TANZ DER BRÄUTE
Dir nur zu gefallen,
Machten wir uns schön und fein.
Keine von uns allen
Möchte abgewiesen sein.
Ach, nimm *mich*! Nimm *mich*! Nimm *mich*!
Schau, wir alle lieben dich!
Alle beten wir dich an!
Aber eine nur allein
Kann die Auserwählte sein.
Welche, Prinz Joan?
(Sie verharren in erwartungsvoller Pose)

JOAN
So viele wunderschöne junge Damen!
Ich muss gestehn, die Wahl fällt mir zu schwer.
Da ich nicht alle nehmen kann, die mir gefallen,
Nehm' ich am besten keine von euch allen.
Es tut mir leid, dass Sie vergebens kamen.
Adieu, ihr Schönen! Ich bedaure sehr!

Plötzlich verändert sich das Licht. Grünes, magisches Halbdunkel. Vor Joan steht wie aus dem Boden gewachsen Angramain, aber jetzt nicht in Spinnengestalt, sondern in verführerisch schöner Frauenmaske und einem grünen, sehr raffinierten Kleid. Süße, fieberhaft-quälende Musik.

ANGRAMAIN
(immer mit verstellter Stimme)
Süßer, todessüchtiger Duft
Nimmt dir schon die Atemluft.
Alle Zeit steh' für dich stille!
Freies Denken, freier Wille
Sind gelähmt in Herz und Hirn:
Schatten legt sich auf die Stirn!
Andre dunkle Zaubermächte
Ruf' ich aus der Nacht der Nächte:
Lüsternes Verlangen!
Larven kriechen dir ins Blut,
Steigt erst aus der Sinnenglut
Heillos wirres Bangen.
In dem Labyrinth der Triebe
Locken böse Zärtlichkeiten.
Liebeswonnen ohne Liebe
Süßen Untergang bereiten.
Komm! Ich ziehe dich wie jeden
In mein Netz hinein.
Tausend feine Silberfäden
Spinnen schon dich ein.
Ist mein Gift in dich geronnen,
Jüngling, schon ergibst du dich!
Rettungslos von mir umsponnen
Siehst du nichts mehr – nur noch mich!

JOAN
Wie heißt du, schönstes Wesen auf der Welt?

ANGRAMAIN
Smeralda – wenn der Name dir gefällt.

JOAN
Smeralda! Herz und Sinn verwirrst du mir!
O diese Augen, die mich schwindlig machen!
Wie trunken bin ich ganz und gar von dir.

NARR
(für sich)
Der Katzenjammer folgt nach dem Erwachen.

JOAN
Wenn ich samt Reich und Thron nicht zu gering dir bin,
So sprich: Willst du mein Weib sein, meine Königin?

ANGRAMAIN
Ja, wenn du schwörst, zu tun nach meinem Willen.

JOAN
Was es auch sei, ich werde ihn erfüllen!

ANGRAMAIN
Zum Silberspiegel, der am Himmel zieht,
Darfst du fortan den Blick nie mehr erheben!
Brichst du den Eid, musst du zur Stunde mir
Das ganze Morgen-Land zu eigen geben.
Du selber musst vergessen, wer du bist,
Und wie ein Dieb dich bald von dannen heben
Und musst ins Heute-Land,
Allein und unerkannt,
Und dort als armer Strolch für immer leben.

JOAN
Was du verlangst, ist leicht. Ich muss gestehen:
Solang ich dich nur seh', will ich nichts andres sehen.
Nun gib mir deinen Mund, nach denn ich mich verzehre!

ANGRAMAIN
Nicht hier! Nicht jetzt! Komm mit! Dass ich dich küssen lehre.
(Sie eilt fort, der Prinz folgt ihr wie ein Schlafwandler. Das Licht wird wie vorher.)

EHEMINISTER
Wer war die grüne Dame? Wenn ich das nur wüsste!
Vergebens such' ich ihren Namen auf der Liste.

NARR
(singt)
Dann gibt es sie wohl nicht.
Denn Nichts ist Wirklichkeit.

Nichts zu verstehn, gelingt
Nur dem im Narrenkleid.

Rasches Dunkel

Das vierte Bild

Im Schloss aus buntem Glas. Abenddämmerung. Der Zauberspiegel allein.

KALOPHAIN
Zurückgekehrt nun schon an hundert Mal
Bin ich vom Fluge über Berg und Tal,
Mit nichts beladen als der leichten Bürde,
Dem Bildnis, das der Prinz, säh' er nur einmal auf,
Erblicken und – erkennen würde.
Doch ist er ganz im Banne Angramains.
Mit der im Bund zu sein – ich nehm's in Kauf,
Denn dies Geheimnis bleibt auf ewig meins.
So kann ich meiner Herrin Wunsch vollführen
Und lauf' doch nicht Gefahr, sie zu verlieren.
Sie weiß nicht, dass er niemals kommen wird,
Dass sie vergeblich harrt, sie wird's nicht inne.
Auch heute wieder späht sie von der Zinne
Des höchsten Turms. Noch hofft sie unbeirrt.
O dass doch ihre Hoffnung endlich schwände!
Vergessen soll sie ihn – und wird's am Ende.
Und wenn erst alle Hoffnung von ihr wich,
Dann habe ich sie wieder ganz für mich.
Ja, fester-fest muss ich sie an mich binden!
Denn ohne ihren Glanz verfinstre ich,
Ohne ihr Augen-Licht – muss ich erblinden.

ELI
(gefolgt vom Zuge der Spiegelbilder, darunter auch dem des Prinzen, kommt langsam und traurig herein. Sie singt.)
Tage und Nächte voll Bangen und Sehnen,
Stunde um Stunde erwarte ich ihn.
Und wird er nicht kommen, zu trocknen die Tränen,
In Dunkel und Einsamkeit schwinde ich hin.

KALOPHAIN
(singend)
Eli, vergebens dein Bangen und Sehnen!
Eli, vergebens erwartest du ihn!
Vergiss deine Sehnsucht! Vergiss deine Tränen!

Dann schwinden auch Liebe und Leiden dahin.
(Er spricht)
Lass dir an seinem Spiegelbild genügen!
Der wahre Prinz kann reden – doch auch lügen.
Wer weiß, ob *sein* Herz so wie deines spricht?
Er sieht das Zeichen nicht, das wir ihm geben
Doch vielleicht sah er's längst und achtet's nicht?
Drum kehr zurück zum alten, heitern Leben
Und alles wird wie früher leicht und licht!

ELI
Du, Spiegel, bist es, der nun lügt,
Zum Kummer mir den Zweifel fügt.
Vergisst du, dass ich sterblich bin?
Ich werde nie mehr so wie früher fühlen,
Nie mehr die alten, heitern Spiele spielen,
Bin nie mehr Kind und Königin!
Wenn er bei Tag nicht, noch im Traum bei Nacht
Mein Bild erkennt, den Weg zu mir nicht findet,
Dann kann's nur sein, weil eine böse Macht
Ihn blendet oder bindet.
Drum hör, was ich entschlossen bin zu tun:
Ich werde gehen und ihn suchen nun.
Ich will hinuntersteigen auf die Erde,
Will Menschen lauschen, einem wie dem andern,
Durch aller Herren Länder will ich wandern,
Bis ich ihn finde – oder sterben werde.
Euch Spiegelbildern, meinem langen Traum,
Euch gebe ich die Freiheit nun zurück.
Fahrt hin! Fahrt hin in einem Augenblick,
Dorthin, woher ihr kamt aus Zeit und Raum!
Auch du, mein Kalophain, unehrlich oder ehrlich,
Flieg fort! Sei frei! Du bist mir nun entbehrlich.
Was mich gefangen hielt, ich will es nimmer.
Dies ganze Schloss mit seinem bunten Schimmer,
Mit seinen Türmen, Gärten und Alleen –
Es soll im Nu verschwinden und vergehen!

Unter gewaltigen Zauberklängen verschwindet alles. Eli steht allein auf einem öden Berggipfel. Nacht. Eisiger Wind pfeift. Während sie den Abstieg beginnt, hört man die Klage des Zau-

berspiegels aus großer Höhe.

KALOPHAIN
Ach, meine Königin, mein Kind!
So grausam hast du mich vertrieben.
Nun werd' ich blind. Nun werd' ich blind.
Dein Bild nur ist in mir geblieben.
Was wird aus dir und mir, mein Kind?
Hart ist die Erde, kalt der Wind.
Was willst du lieben?

Langsam verschwindet das Bild im Dunkel.

Das fünfte Bild

Auf der Dachterrasse des morgen-ländischen Palastes. Sternennacht. Prinz Joan liegt mit Angramain auf einem Ruhelager. Diener und Würdenträger, Musikanten, der Eheminister, der Narr.

EHEMINISTER
Und wann, mein Fürst, wollt Ihr die Hochzeit halten?
Durch meine Ohren lauscht das ganze Reich.

JOAN
Morgen, Smeralda? Heute Nacht? Jetzt gleich?
Wann immer dir's gefällt, befiehl's dem Alten!

ANGRAMAIN
Noch bin ich deiner nicht genügend sicher.

NARR
– sagte die Katze zu der Maus.
Die Schwanzspitz' hing ihr noch zum Maul heraus.
Ein Ruck, ein Schluck und weg! Dass ich nicht kicher'!

EHEMINISTER
Und Ihr, Madame, enthüllt uns bitte sehr
Nun endlich Euere Identität!

NARR
Sie ist doch schon enthüllt! Enthüllter geht's nicht mehr.

JOAN
Mir scheint, dass dieser Spaß zu weit nun geht!

ANGRAMAIN
(schmiegt sich an ihn)
Hör nicht auf ihn! Es schaudert dich?

JOAN
Wie kühl du bist!

ANGRAMAIN
So wärme mich!

Auf ein Zeichen des Prinzen beginnen die Musikanten zu spielen.

JOAN
(singt)
Ja, mein warmes Blut, mein Leben
Will ich dir zu eigen geben!
Schmelzen will ich all dein Eis
In den Flammen süß und heiß,
Bis du dich mir ganz ergeben.

ANGRAMAIN
(singt)
Ja, dein warmes Blut, dein Leben
Sollst du mir zu trinken geben,
Doch du weißt nicht, was das heißt.
Drum zerstreue deinen Geist,
Dann erfüllt sich bald dein Streben.

EHEMINISTER
(singt)
Gerne wüsst' ich für mein Leben
Wird's nun endlich Hochzeit geben?
Ewig zögert sie's hinaus!
Nein, das halt' ich nicht mehr aus,
So in Ungewissheit schweben!

NARR
(singt)
Gerne möcht' ich für mein Leben
Joan zu verstehen geben
Was ich weiß, es macht mich heiß,
Aber ihn macht's kalt wie Eis!
Doch er will's nicht hören eben.
Musik zu Ende

JOAN
Zerstreuung also, wie du sagst,
Führt mich zum Ziel?

ANGRAMAIN
Es ist ein Spiel.
Ich ford're dich heraus – wenn du es wagst.

JOAN
Was kann ich verlieren?

ANGRAMAIN
Dich.

JOAN
Was kann ich gewinnen?

ANGRAMAIN
Mich.

NARR
Gehupft wie gesprungen – sag ich.

JOAN
Wie heißt das Spiel? Wie ist sein Name?

ANGRAMAIN
Dame.

JOAN
Das kenn' ich gut. Der Preis gehört schon mir,
Da ich dies Spiel noch nie verlor.
Wahrhaftig, gerne spiel' ich es mit dir!

NARR
Sie aber spielt es dir nur vor.

ANGRAMAIN
Doch spiel' ich's nicht mit Brett und Stein,
Mit lebenden Figuren spiele ich's vielmehr.

JOAN
Nun gut, wo nehmen wir die her?

ANGRAMAIN
Das lass nur meine Sorge sein!

Auf eine magische Gebärde Angramains verändert sich wiederum das Licht. Die Spielfiguren erscheinen. Sie sind von aufreizender Nacktheit, nur ihre Köpfe sind dicht verschleiert. Der schachbrettartige Fliesenboden der Terrasse dient ihnen als Spielbrett. Die Partie wird durch einen Tanz dargestellt, den Prinz Joan und Angramain abwechselnd durch Gesten dirigieren. Der Gesang der Dame-Figuren ist aufreizend, ihre Bewegungen sind obszön.

TANZ UND CHOR DER DAME-FIGUREN
Hör, was wir singen und sagen:
Du musst überspringen und schlagen,
Musst schlagen und überspringen!
Dem Listigen wird's gelingen.
Und wer im Weg steht, ist gerichtet,
Weil die Geläufigen ihn schlagen.
Und wer allein steht, wird vernichtet,
Wenn ihn die vielen jagen.
Hör, was wir sagen und singen:
Du musst, was dich hemmt, überspringen!
Spiele, ohne zu fragen!
Wer nicht schlägt, der wird geschlagen!
Schlagen und überspringen,
Überspringen und schlagen
Und schlagen und schlagen und schlagen …

ANGRAMAIN
Das Spiel ist aus.

JOAN
Wer hat gewonnen?

ANGRAMAIN
Ich!

JOAN
Gewonnen hast du nicht das Spiel allein,
Sondern mit Haut und Haar auch mich.

NARR
So was sagt einer selbst und sieht es doch nicht ein.
Ich wollt', ich wär' der Narr. Es muss ein andrer sein.

Man hört aus der Ferne die Klage des Zauberspiegels.

KALOPHAIN
Ach, meine Königin, mein Kind!
So grausam hast du mich vertrieben!

ANGRAMAIN
(zornig)
Tanzt! Tanzt! Bewegt euch! Schlaft ihr schon?

JOAN
Nein, haltet ein! Was war das für ein Ton?
Klang's nicht wie eine Klage?

ANGRAMAIN
Schau *mich* an! Ganz alleine *mich!*
Was kümmert fremder Jammer dich?
Entziehe dich der Plage!

JOAN
Nein, nein! In meinem Reich soll niemand je
Zu Klagen Anlass haben und zum Weh.

Der Zauberspiegel schwebt hoch am Himmel herein. Er trägt noch immer Elis Bild in sich.

KALOPHAIN
Nun bin ich blind. Nun bin ich blind.
Ihr Bild nur ist in mir geblieben.

JOAN
Bist du auch blind, so bist du dennoch schön!
Dies Abbild, das du trägst, ich hab' es nie gesehn,
Und doch erkenn' ich's tief im Herzen hier,
Als sei's von Ewigkeiten her ein Teil von mir.

KALOPHAIN
Was wird aus ihr, aus meinem Kind?
Hart ist die Erde, kalt der Wind.
Wer wird sie lieben?

JOAN
Ich, blinder Spiegel, ich! Ich will sie lieben!
Nun erst begreif' ich, was es heißt, dies Wort.

KALOPHAIN
Wer spricht zu mir? Wo bin ich hingetrieben?

JOAN
Du kommst zur rechten Zeit und an den rechten Ort.
Prinz Joan ist es, der zu dir gesprochen.

ANGRAMAIN
(plötzlich mit unverstellter Stimme)
Nun hast du deinen Eid gebrochen!

JOAN
Du aber, wer bist du? War ich verrückt?
In Wahn und Irrtum hast du mich verstrickt!
Du bist nicht, was du scheinst. Ich seh' die List.
Grün-kaltes Blut rinnt in den Adern dir.
Dein Angesicht ist Lüge, deine Kälte Gier.
Fort mit der Maske! Zeig mir, wer du bist!

Joan reißt Angramain die Maske vom Gesicht, anstelle der grünen Dame steht plötzlich die große Spinne vor ihm. Gleichzeitig enthüllen alle Figuren des Dame-Spiels ihre Köpfe: Insektengesichter, Totenschädel und Fratzen. Joan erstarrt.

ANGRAMAIN
Nun sollst du mir bezahlen, was du schuldest!
Tor, der du bist! Da stehst du und erduldest
Vor Grausen starr den wahren Höllenschmerz!
Mit Klauen greife ich in deine Brust
Und schlinge einen Knoten in dein Herz.
Ich, Angramain, bin's, der du weichen musst!
Du hast verspielt! Ich will, dass du vergisst
Alles, was dein ist, alles, was du bist.
Flieh, armer Tor! Du hast mich nie gekannt.
Fort! Fort mit dir! Flieh aus dem Morgen-Land!

Joan entflieht.

NARR
(ruft ihm verzweifelt nach)
He, Jojo! Nun gehst *du* zu weit, nicht ich!
Gib der Geschichte einen andern Lauf!

Uns, die Geschöpfe deiner Fantasie, lässt du im Stich?
Im Ernst, da hört der Spaß sich auf!
Er weint.

ANGRAMAIN
(die ins Riesige zu wachsen scheint)
Beugt euch! *Ich* herrsche nun hier in den Morgen-Landen.

EHEMINISTER
(zitternd)
De jure habt Ihr recht: So war's vertraglich.
Die Paragrafen sprechen *für* Euch ganz unfraglich.
So bin auch ich mit allem einverstanden.

ANGRAMAIN
Noch tiefer! Tiefer noch! Zu meinen Füßen!
Doch du, geschwätziger Spiegel, sollst nun büßen!

KALOPHAIN
Ich wollt' es nicht! Ich sah nicht, wo ich war.
Ich bin doch blind und hilflos ganz und gar!
(Er schwebt eilig fort)

ANGRAMAIN
(greift mit riesigen Spinnenbeinen in den Himmel)
Willst du um Mitleid winseln, Kalophain?
In mir ist Gnade nicht, noch schone ich die Schwäche.
Ich hasse jenes Bild, darum zerbreche
Ich dich mit ihm. Vernichtet sollst du sein!
Ins Dunkel sollst du stürzen aus dem Hellen
Und an der harten Wirklichkeit zerschellen!

Aus der Ferne hört man den Wehschrei Kalophains, während er niederstürzt. Er zerschellt, wobei für einen Augenblick der ganze Himmel aufflammt und Tausende von Lichtsplittern umherwirbeln. Dann wird es dunkel.

Vorhang

Das sechste Bild

Wenn der Vorhang sich hebt, sieht man die gleiche Szenerie wie im Vorspiel, jetzt aber so, wie sie in der Erzählung Jojos erscheint:

Die Zirkuskarren auf dem freien Feld vor dem Industriekomplex, aber alles ein wenig ins Imaginäre gesteigert, wie auf einem naiven Bild gemalt. Es ist ebenfalls Abend und der blasse Vollmond steht über den Schloten. Auch die Gruppe der Gaukler steht genauso wie zu Beginn des Vorspiels, nur dass jetzt alle ihre Kostüme tragen. Diese sind oft geflickt, ja, sie bestehen eigentlich nur aus Flicken, die mit Pailletten besetzt sind.

Anwesend sind, wie im Vorspiel:

Eli, Pippo, Wilma, Lola, Jussuf und Bux mit seiner Puppe. Auch Eli hat jetzt irgendwelche alten Kostümteile an, die ihr viel zu groß sind. Sie trägt einen Bauchladen voller Lose, auf dem ein Papagei turnt.

PIPPO

(tritt vor und nimmt Rednerpose ein)
Heut sind's genau drei Jahre, liebes Kind,
Dass wir dich aufgegabelt haben.
Wir fanden dich halb tot im Straßengraben,
Bewusstlos fast, durchnässt vom Regenwind,
Wie ein ertrunknes Kätzchen lagst du dort.
Wir packten dich in einen unsrer Wagen
Und päppelten dich auf in ein paar Tagen.
Seither zogst du mit uns von Ort zu Ort …
(Er verliert den Faden und blickt hilfesuchend umher)

ELI

Und Jojo war's. Er hat mich aufgenommen.

DIE PUPPE

… der heute leider fehlt, wie schon so oft.

BUX
Still, Ottokar! Er wird bestimmt noch kommen.

ELI
Grad heute hab' ich so auf ihn gehofft.

JUSSUF
Ihm fehlt das künstlerische Pflichtgefühl.

LOLA
Er ist und bleibt ein Vagabund.

WILMA
Sein Auftritt kümmert ihn auch nicht so viel!
Nie wird er ein Artist aus diesem Grund.

ELI
Doch will er sicher keinen von uns kränken.

PIPPO
Mag sein. Wir woll'n auch jetzt nicht daran denken,
Denn heut' sind wir vereint zu deinen Ehren.
Wo war ich stehn geblieben? – Da du selbst es wolltest,
Versuchten wir ein Kunststück dich zu lehren,
Mit dem du dir dein Brot verdienen solltest.

DIE PUPPE
Doch leider warst du ziemlich unbegabt.

LOLA
Nicht zum Jonglieren, Seiltanz, Gehen auf den Händen,
Noch nicht mal als zersägte Jungfrau zu verwenden.

JUSSUF
Doch haben wir dich alle gern gehabt
Und wollten dich bei uns behalten.

PIPPO
So kamen wir – nach einigem Kopfzerbrechen –
Auf unsern Papagei, den alten,
Der leider keine Lust mehr hat zu sprechen.
Wir bauten jenen Kasten dir zum Tragen
Und füllten ihn mit bunten Schicksalslosen …

DIE PUPPE
Natürlich nur mit günstigsten Prognosen!

BUX
Halt deinen Mund! Willst du dich wohl betragen?

DIE PUPPE
Na, Bux, das ist doch alles Schwindelei.

LOLA
Wer würde sonst nach seiner Zukunft fragen?
Ein bisschen Hoffnung, dass das Glück nicht fern,
Ruhm, Liebe, Reichtum greifbar nahe sei –
Dafür zahlt mancher ein paar Groschen gern
Und lässt sein Los sich ziehn.

DIE PUPPE
Vom Papagei!

BUX
Na und, mein Sohn, was ist denn schon dabei?

PIPPO
Was ihr verdient, es bringt zwar nicht Gewinn
In unsre leere Kasse –

WILMA
Leider nein.

PIPPO
Doch sorgt ihr beide immerhin
Für euren Lebensunterhalt allein.

DIE PUPPE
So braucht ihr niemand dankbar sein!

WILMA
Was wir dir danken, steht auf einem andern Blatt,
Dafür, dass du bei uns geblieben bist,
Weil – ja, wie soll man sagen, was es ist,
Das sich durch dich für uns geändert hat?

JUSSUF
Wir war'n ein würdeloser Haufen einst,
Uns selbst verachtend, krank, vermaledeit …

LOLA
Doch deine Art, wie du uns siehst und meinst,
Sie gab uns Glanz, ja, sogar Wichtigkeit …

PIPPO
Als hinge etwas ab von unsren Sprüngen …

DIE PUPPE
Viel mehr als nur das bisschen Eintrittsgeld.

BUX
Da sagst du endlich was, das mir gefällt.

JUSSUF
Als ob wir was bedeuten für die Welt …

LOLA
Grad weil es nutzlos ist, was wir vollbringen.

PIPPO
Genug! Und da du uns nicht sagen willst,
Woher du kommst, wann du Geburtstag hast,
Da du dich lieber in Geheimnis hüllst,
Drum haben wir nun den Beschluss gefasst,
Den heutigen Tag zum Festtag zu ernennen.
Das Einzige, was wir dir bieten können,
Ist diese Extrawurst für dich allein!

Eine gebratene Wurst wird hereingetragen und Eli vorgesetzt.

DIE PUPPE
Zu mehr hat das Budget nicht mehr gereicht.

BUX
Du Naseweis, misch dich nicht immer ein!

ELI
Ihr seid so lieb! Wollt ihr nicht auch vielleicht …?

WILMA
Nun iss und lass die Redensarten sein!

LOLA
Hier ist die Gabel und das Messer.

Alle schauen gespannt zu, wie Eli isst.

ELI
Ihr seht so hungrig aus und dünn!
Willst du ein Stückchen, Feuerfresser!

JUSSUF
Du weißt doch, dass ich Vegetarier bin.

PIPPO
Was steht ihr so herum, die Zähne klamm?
Da mag der Teufel eine Wurst verzehren!
Wir geben jetzt – hopp, hopp! – zu Elis Ehren
Ein kleines Extra-Gala-Fest-Programm!

Während Eli schmaust, machen die Artisten alle gleichzeitig ihre Nummern. Pippo jongliert mit bunten Bällen oder Keulen, macht Handstand und Flickflack. Jussuf speit Feuer und zieht Kaninchen aus seinem Zylinder. Lola tanzt auf einem Seil, das zwischen zwei Zirkuskarren gespannt ist. Wilma wirft mit Messern, die in einer Karrenwand um eine gemalte Figur stecken bleiben, wirbelt den Revolver und schießt brennende Kerzen aus. Bux und Ottokar schnattern durcheinander. Zuletzt verbeugen sich alle mit zirkushafter Attitude vor Eli.

ELI
(klatscht begeistert)
Ihr wart ganz groß! So wunderbar wie eben
Habt ihr mir nie zuvor gefallen!
Warum, warum nur lässt man euch nicht leben?
Was ist denn mit den Leuten allen?

Alle werden plötzlich traurig und mutlos.

WILMA
Die Leut' sind abgebrüht durch größ're Sensationen.
Wer bei uns lacht, lacht uns im Grund nur aus.

LOLA
Wo alles nützlich sein muss und sich lohnen,
Gibt's für bescheid'ne Wunder nicht Applaus.

PIPPO
Ja, Freunde, unsre Chancen stehen kläglich.
Wir sind nicht mehr am Platz auf dieser Welt.

JUSSUF
Wir tragen unsre Haut zum Markte täglich,
Bloß kauft sie keiner.

DIE PUPPE
Deine Haut für Geld?
Wer will denn auch für Schorf und Runzeln blechen?

BUX
Still, Ottokar, wenn die Erwachsenen sprechen!

LOLA
Wenn wenigstens der Clown noch bei uns wär',
Weil der noch immer Kinder zu uns zieht.

DIE PUPPE
Mit seiner Nummer ist es nicht weit her!

BUX
(hebt drohend die Hand)
Nun kriegst du's aber, Ottokar!

DIE PUPPE
Und sein Musik-Repertoire
Besteht aus einem einzigen Lied!
(Er bekommt eine Ohrfeige und heult)

PIPPO
Man kann auf diesen Burschen niemals bauen.
Er kommt, zieht ein paar Wochen mit herum,
Dann plötzlich, eines Tags, wer weiß warum,
Gefällt's dem Herren einfach abzuhauen.

LOLA
Ich weiß nicht, was – doch etwas treibt ihn um.

WILMA
Er zieht auf eigne Faust von Stadt zu Stadt
Und singt mit seinem Lied die Kneipen leer.

PIPPO
Wie oft man ihn schon rausgeworfen hat,
Das geht auf keine Kuhhaut mehr!

JUSSUF
Ich hab ihm oft gesagt: Dir fehlt der Ernst des Lebens!

DIE PUPPE
Bei dem ist jede Liebesmüh' vergebens.

BUX
Man spricht nicht von Kollegen in dem Ton,
Merk dir das endlich, Ottokar, mein Sohn!

WILMA
Ich glaube nicht, dass er sich jemals wandelt.

LOLA
Es heißt, dass man ihn hier vor Kurzem sah.

ELI
Glaubt ihr, er kommt? Vielleicht ist er ganz nah!

Jojo springt mit einem Satz mitten unter sie. Er ist jetzt der verzauberte Prinz, also noch immer jung. Er trägt außer dem spitzen weißen Hut das Kostüm des spanischen Clowns, mit Pailletten besetzt. Sein Gesicht ist mehlweiß geschminkt. Sein Bandonion hat er bei sich.

JOJO
Wenn man vom Teufel spricht, hopp! ist er da –
Auch wenn sich's nur um einen armen handelt!

JUSSUF
He, Jojo! Hast du mich erschreckt!

LOLA
Kriegt man dich doch mal wieder zu Gesicht!

WILMA
Du hast wohl den Ensemble-Geist entdeckt?

JOJO
Es kann schon sein. Vielleicht. Vielleicht auch nicht.

PIPPO
Warum bist du schon wieder ausgerissen?

JOJO
Ihr wisst, dass ich nichts weiß. Wie soll ich's wissen?

PIPPO
Bleibst du jetzt bei uns? Du – antworte mir!

JOJO
Vielleicht. Vielleicht auch nicht. Jetzt bin ich hier.

PIPPO
Auf jeden Fall
Wir ziehen morgen weiter
Vor Tagesgraun. So sparen wir die Pacht.
Jetzt woll'n wir schlafen gehn, das ist gescheiter,
Damit wir frisch sind morgen früh. Gut' Nacht!
(Er geht in seinen Wagen, die anderen folgen Pippos Beispiel. Nur Jojo und Eli bleiben sitzen.)

JOJO
Ujeh! Das nenn' ich mir Empfang!
Wie lang war ich denn fort?

ELI
Drei Wochen lang.

JOJO
Sie sind mir bös. Daher der kühle Ton.
Wenn ich mich selber nicht versteh sogar,
Wie soll'n die andern mich verstehn?

ELI
Ich schon.
Ich mag dich, wie du bist.

JOJO
Ganz wirklich wahr?

ELI
Ja, wenn du da bist, ist mir nicht mehr kalt.

JOJO
Ich finde auch, dass wir uns gut verstehen.

ELI
Ich kenn' dich schon so lang – drei Jahre bald! –
Und hab' noch niemals dein Gesicht gesehen.

JOJO
Wenn du's nicht weitersagst: Ich habe keins!
Und darum male ich mir eins,
Dass man den leeren Fleck nicht sieht.

ELI
Du, Jojo? Singst du mir ein Lied?

JOJO
Ein Lied? Du machst dich lustig, Kleine!
Du weißt, ich kann doch nur das eine.
Du hast es hundertmal gehört.

ELI
Ich möchte wissen, wen das stört.

JOJO
Und oh! Ich kenne Damen und Herrn,
Die werden schon wütend, wenn sie mich sehen.
»Der alte Hut!« – Ich kann's verstehen.

ELI
Ich hör' es immer wieder gern.

JOJO
Erklär mir mal, mein Kind, wieso?

ELI
Es macht mich traurig und macht mich froh.
Es ist immer das alte, sicherlich,
Und ist doch immer neu für mich.

So oft ich's hörte – ich weiß nicht die Zahl –
Klingt's jedes Mal mir wie zum ersten Mal.

JOJO
Dann sing' ich's diesmal ganz allein für dich!
(Er spielt auf dem Bandonion und singt)
Ich weiß nicht, woher ich komme
Und weiß nicht, wo gehe ich hin.
Ich weiß nicht, was ich suche
Und weiß nicht, wer ich bin.
Ich weiß nur, ich muss etwas finden,
Das hab ich verloren vor langer Zeit,
Doch ich weiß nicht wo und ich weiß nicht warum.
Ich weiß nur: Mein Weg ist weit.

ELI
(nimmt die Melodie auf und singt, während er weiterspielt)
Ich weiß wohl, woher ich komme,
Doch kann ich dort nie wieder hin.
Ich weiß wohl, was ich suchte,
Und weiß auch, wer ich bin.
Doch kann ich den einen nicht finden,
Den einstmals ich suchte, dem keiner gleicht,
Dann möcht' ich vergessen, vergessen wie du –
Mein Herz wäre leer, aber leicht.

JOJO
(setzt erstaunt das Instrument ab)
Du hast dir eigne Worte ausgedacht
Zu meiner alten Melodie?
Willst du nicht sagen, was dir Kummer macht?
Warum sprichst du darüber nie?

ELI
(nach einer Pause)
Hast du mir diesmal gar nichts mitgebracht?

JOJO
O doch! Wie konnt' ich's nur vergessen!
Was ganz Besond'res! Und für dich persönlich!
Ich bin einmal spät nachts noch – wie gewöhnlich –
In einer trüben Schnapsbutik gesessen

Und hab' mein Lied gespielt wie überall –
Einmal zu oft vielleicht – Auf jeden Fall:
Der Wunsch des Publikums hat mich bewogen,
Rasch fortzugehn – und zwar in hohem Bogen.
Als ich so lag, zerschlagen und im Dunkeln,
Seh' ich vor meiner Nase etwas funkeln:
Ein Scherbchen Spiegelglas – mehr schien es nicht.
Und doch – was für ein wundersames Licht
Ging von ihm aus, so stark und doch so mild!
Ich hob es auf. Was, glaubst du, sah ich drin?
Ein winzig kleines klares Spiegelbild
Von einer schönen, jungen Königin!
Ach, dies Gesicht! Mir war so weh zumut,
Als müsste ich mich immer nach ihr sehnen,
Und so getrost zugleich, so gut,
Als gäb's auf dieser Welt nie wieder Tränen.
Da dachte ich: Das bring' ich dir als Gabe!
Hier, nimm! Es ist das Schönste, was ich habe.

ELI
(nimmt das Scherbchen staunend entgegen und blickt lange hinein)
O Kalophain,
O Spiegel mein!
Dies arme Scherbchen blieb von dir.
Was so zerstört
Mir wiederkehrt,
War einstmals Spiel und Freude mir.

JOJO
Was sagst du da? Wach auf! Wie ist dir denn?
Du träumst! Wie du mir ganz verändert scheinst!

ELI
Was ich in diesem Scherbchen wiederkenn',
Das ist mein eignes Spiegelbild von einst.

JOJO
Es sieht dir ähnlich, das ist nicht zu streiten.
Jetzt, wo du's sagst, seh' ich es auch fürwahr.

ELI

Vor langen, langen Ewigkeiten,
Jenseits der Welt und außerhalb der Zeiten,
Als ich Prinzessin und unsterblich war
In einem Schloss aus buntem Glas –
Den Zauberspiegel, den ich da besaß,
Ich sandte ihn hinaus mit meinem Bildnis,
Den einen mir zu suchen, jenen einen.
Der mich die Sehnsucht lehrte und das Weinen …
Er fand ihn nicht – da ließ ich ihn erblinden.
Dann brach ich selber auf, den Freund zu finden,
Und stieg hinab durch Eis und Felsenwildnis.
Unzählige wirre Straßen musst' ich wandern
Von einem Erdenende zu dem andern,
Durch viele Länder bis ins Heute-Land.
Da war ich müd. Und meine Hoffnung schwand.
Wo sollte ich noch hin? So bin ich hier geblieben.
Wer einen Menschen liebt, kann alle lieben –
Doch was liebt der, der keinen Liebsten fand?

JOJO

Und dieses Scherbchen da in deiner Hand …?

ELI

Ich hab' mein Reich zerstört auf Nimmer-Wiederkehr.
Mein Spiegel irrte blind seit da umher.
Zuletzt ist er wohl irgendwo zerschellt
Und seine Splitter fielen auf die Welt.

JOJO

Was du da sagst, erregt in meinem Innern
Ein Ahnen von Vergangnem, ein Erinnern,
So bang und fern und riesengroß …
Doch etwas hält es fest und lässt's nicht los.
Sprich weiter! Sag mir – jenen, den du meinst,
Wie wusstest du von ihm? Sahst du ihn einst?
Vielleicht ist er verzaubert
Durch magische Gewalt?

ELI

Ich würde ihn erkennen
In jeglicher Gestalt!

Mein Spiegel brachte unter tausend Bildern
Dies eine mir, durch welches mir geschah,
Dass ich fortan kein anderes mehr sah.
Ich seh's noch jetzt vor mir …

JOJO
Kannst du es schildern?

ELI
Sein Haar war – so wie deins, will mir fast scheinen,
Nur fiel es ihm viel schöner ins Genick.
Das Lächeln seiner Lippen – liegt auf deinen!
Aus deinen Augen trifft mich oft – sein Blick!
(Sie hält bestürzt inne)
Mir klopft mein Herz so wild!
Begreif ich, was ich sage?
Bist du, den ich hier frage,
Des Ebenbildes Bild?
Gleichst du auch keinem Königssohn,
Ich muss dich doch so nennen.
Wie konnt' ich nur so lange schon
Dich sehn und nicht erkennen?

JOJO
Nun scheinst du ganz verwirrten Sinns
Und redest unverständlich!

ELI
Du bist es!

JOJO
Ich?

ELI
Mein schöner Prinz!
Ach endlich! Endlich! Endlich!
(Sie will auf ihn zustürzen und ihn umarmen, aber er weicht zurück und schüttelt traurig den Kopf)

JOJO
Was soll ein armer Taugenichts
Mit solchem Wort beginnen?
Den Zügen meines Angesichts

Kannst du's nicht abgewinnen.
Mein Herz erinnert sich an nichts:
Ein Knoten ist darinnen.
Taub ist's und keine Antwort spricht's
Und kann sich nicht besinnen.
Den Knoten, geschlungen vom Bösen,
Kann niemand auf Erden mehr lösen.

ELI
Ich kann's! Gib acht, es ist ganz leicht,
Den Zauber auszuführen:
Lass mich dein Herz berühren!
Vertrau mir nur, sei nicht erschreckt!
Vergessenheit und Dunkel weicht,
Wenn Liebe Liebe weckt.
(Sie berührt sein Herz und löst den Knoten)

JOJO
(nimmt ihr Gesicht in beide Hände)
Du süßes Himmelsangesicht,
So rätselhaft vertraut.
Der Augensterne liebes Licht
Hab' ich so oft geschaut.
Ich kenne dich – und kenn' dich nicht –
Als Schwester, Kind und Braut.
Ich zittere am ganzen Leib:
Du schönes Mädchen bist mein Weib!
So sanft verlangt mich nun nach dir,
Wir sind nicht mehr geschieden,
Und mit der Sehnsucht gibst du mir
Im Herzen endlich Frieden!
Was ist mir denn durch dich geschehn?
Wie Schnee im Schuh fühl' ich vergehn
Die Fessel, die mich band.
Mein blindes Herz lernt wieder sehn
Dich, die ich längst gekannt.
Nichts konnte mich im Innern
In Wahrheit von dir trennen.
Dass wir uns nun erkennen,
Ist ewiges Erinnern.

Sie küssen sich. Die Gaukler kommen aus den Karren.

WILMA
Was ist das? Ein Klingen liegt in der Luft!

LOLA
Ein Frühlingswehen – ein lieblicher Duft!

DIE PUPPE
Da seht mal die beiden! Was machen denn die?

BUX
Sei leise, mein Kleiner, sonst stören wir sie.

JOJO
(singt leise, während sein Bandonion, das abseits liegt, von selbst zu spielen beginnt)
Nun weiß ich, woher ich komme,
Und weiß auch, wir gehen dorthin.
Nun fand ich, was ich suchte,
Und weiß wieder, wer ich bin.
Nun hab ich dich endlich gefunden,
In dir mich selbst und mein Leben zugleich.
Mein erstorbenes Herz, du machst es gesund.
Wir gehn in mein Königreich!

JUSSUF
Dein Königreich? Dann lass uns mit dir kommen!

PIPPO
Hier wird uns doch die Lebensluft genommen.
Jojo, ich bitt', nimm uns mit!

ALLE
Nimm uns mit!

JOJO
Ich lade jeden ein, der kommen mag.
Mein Land hat Raum und Brot für jedermann,
Denn in der Zukunft liegt's – um einen Tag.
Kommt mit ins Morgen-Land! Ich geh' voran!

Jojo, auf dem Bandonion spielend, geht mit Eli voraus, die anderen folgen ihnen. Langsam wird es dunkel.

Das siebente Bild

Aus der Dunkelheit taucht eine Felsenklippe auf, die über einen finsteren Abgrund hinausragt.

Auf dieser Klippe stehen und sitzen zusammengedrängt Eli, Jojo und die Gaukler.

In einer Höhlung etwas abseits kauert eine graue Gestalt, die man zunächst kaum bemerkt, weil sie selbst wie ein Stück Fels aussieht. Auf der anderen Seite des Abgrundes erkennt man die Hauptstadt des Morgen-Landes und Joans Palast.

Alles ist mit riesigen Spinnweben überdeckt.

PIPPO
Was nun, Prinz Clown? Soll unser Weg hier enden?

JUSSUF
Dort unten seh' ich Nebelschwaden bloß.

LOLA
Der Abgrund scheint wahrhaftig bodenlos.

WILMA
Wir sollten schleunigst uns zur Rückkehr wenden,
Denn diese Klippe, fürcht ich, trägt uns nicht.

JUSSUF
Was man dort drüben sieht im Dämmerlicht –
Soll das dein Morgen-Land am Ende sein?

DIE PUPPE
Selbst wenn ich könnte, ging' ich da nicht rein!

BUX
Sei still, mein Sohn! Wir können es ja nicht.
Doch muss auch ich, Jojo, dir eingestehen:
Der erste Anblick hält mich eher fern.

PIPPO

Das Land, das du versprachst, hätt' ich wohl gern
Einmal von Weitem wenigstens gesehen,
Doch das da drüben macht nur, dass ich laufe.

WILMA

Ja, und zwar schnell. Vor Spinnen graut es mir.

BUX

Schlimm war's, woher wir kommen, aber hier
geraten wir –

DIE PUPPE

– vom Regen in die Traufe!

LOLA

Was kümmert euch, ob euch das Land gefällt!
Schön oder schrecklich ist jetzt ganz egal.
Es führt kein Weg in jene Morgen-Welt.
Umkehren müssen wir, das ist fatal.
Schickt euch darein! Die Fahrt war lang und schwer.
Ihr seht, wir haben sie umsonst gewagt.
Wir sind enttäuscht – doch Jojo ist's noch mehr.
Er hat bis jetzt kein einziges Wort gesagt.

JOJO

Was soll ich sagen, Freunde? – Nur noch dies:
Ich hab' nicht mehr bedacht, dass ich mein Reich,
Indem ich aus ihm floh, damit zugleich
Für immer jener Spinne überließ.
Was ihr dort seht, das ist nicht meine Stadt,
Es ist, was sie daraus geschaffen hat.
Und dieser gähnend finstre Abgrund hier,
Ich hab' von ihm nicht mehr gewusst als ihr,
Weiß nicht, woher er kommt, wie er entstand,
Doch unerreichbar ist mein Morgen-Land.
Ich wollt' euch führen – und verführte bloß.
Was Hoffnung schien, ist nun erst hoffnungslos.
Verzeiht mir, was ich tat – und was ich bin!
Ihr seid erschöpft, verhungert und am Ende.
Zu weit der Rückweg – selbst, wenn ich ihn fände …
Nichts bleibt uns mehr. Ich weiß nicht mehr, wohin.

ELI
Verliere nicht den Mut! Das Land ist dein,
Du bist sein Schöpfer. Lass es nicht im Stich!

JOJO
Ich hab's erträumt und hab's erdichtet – ich!
Nun aber trennt von ihm der Abgrund mich
Und es gehört der großen Angramain.

DIE GESTALT
(seufzt leise und lang gezogen)
Ach!

ELI
War das nicht wie eine Stimme eben?

JOJO
Das Bündel dort – ist das ein Mensch? Ein Tier?
(Er geht hin)
Bist du ein Bettler? Warum hockst du hier?
Hier wird dir selten jemand etwas geben.
Für deinen Zweck ist dies ein schlechter Ort.
Komm, Alter – wenn du magst, geh mit uns fort!
Zwar sind wir auch nicht besser dran als du,
Doch stirbt sich's leichter, drückt dir wer die Augen zu.
(Er erschrickt, weil die Gestalt ihm ihr Gesicht zuwendet)
Wie seltsam sehn mich diese Augen an,
So funkelnd und so starr!

DIE GESTALT
Kennst du mich nicht mehr, Prinz Joan?
Ich bin's – dein alter Narr.

JOJO
Du? – O mein Gott! – Wie lang sitzt du schon hier?

NARR
Seit du dich selbst vergessen hast, Freund Liederlich.

JOJO
So tat dir Angramain dasselbe an wie mir?

NARR
Dazu gehören zwei. Nein, ich verdrückte mich
Wo Angramain regiert, da ist kein Platz für Späße.
Ich bin geflohn aus ihrem Todesgarten,
Hab' mich hierher gesetzt, dich zu erwarten,
Dass einer wenigstens dich nicht vergäße.

JOJO
Wie tief beschämst du mich! Doch schau, nun kehr' ich wieder
Mit meinen Freunden und mit meiner wahren Braut.

NARR
Ja, sie ist wahr. Hier knie' ich vor ihr nieder.
Ihr Lächeln macht, dass mein gefror'nes Lachen taut.

ELI
Steh auf, mein alter Freund! Darf ich so sagen?
Mir ist, als wärst du mir seit je bekannt.

JOJO
Wenn Angramain nichts daran lag, dich fortzujagen,
Warum bist du geflohen aus dem Morgen-Land?

NARR
Wo alles wie am Schnürchen läuft – am Faden! –
Da kann der Narr nichts nutzen und nichts schaden.
Es ist, als gäbe es ihn nicht. Was soll er machen?
Perfekte Automaten bringt man nicht zum Lachen.
Wo nichts misslingt, kann's kein Gelächter geben.
Wozu Humor, wo kein Versagen droht?
Menschliche Unvollkommenheit – das ist mein Leben,
Unmenschliche Vollkommenheit – mein Tod.

ELI
Vollkommenheit? Wie kann das möglich sein?
Herrscht dort denn nicht die Spinne Angramain?

NARR
Vollkommen, ja. Wenn auch auf ihre Weise:
Nach Art des alten klappernden Skeletts!
Sie überzog das Land geheim und leise
Mit einem einzigen großen Spinnennetz.

Sie sitzt im Zentrum. Abertausend Fäden
Laufen bei ihr zusammen, gehen von ihr aus.
Wo immer sich was regt, sie spürt's voraus,
Weiß alles, regelt alles, gängelt jeden.
Sie selbst jedoch, gepanzert und geschuppt,
Saugt Macht und Lebenskraft aus diesem Ganzen.
Wer dort noch lebt, den hat sie eingepuppt,
Gelähmt sein Wille, mutlos und korrupt ...
Sie ganz allein lässt alle Puppen tanzen!
Doch dieser Tanz der Puppen ist ein Fluch:
Wie Weberschiffchen emsig hin und her
Durchhasten sie einander kreuz und quer
Und weben nur – ein riesiges Leichentuch!
Vollkomm'ne Ordnung, der man nicht entschlüpft,
Denn alles ist berechnet und bedacht.
Das Netz ist unzerreißbar, weil aus Angst geknüpft.
Aus List und Angst besteht der Spinne Macht.

JOJO
Mein schönes Land! Mein schönes Morgen-Land!
Wie anders warst du, als ich dich erfand!
Hätt' ich auch sonst gewagt, dich so zu heißen?
Doch dieser Abgrund – sag, wie er entstand?
Hat sie sogar Gewalt, die Welt entzweizureißen?

NARR
An vielem hat sie Schuld, die Dame Angramain,
Doch daran nicht, mein Junge. Die trifft dich allein!

JOJO
Was sagst du? Durch mich, durch meine Schuld entstellt
Die fürchterliche Wunde das Gesicht der Welt?

NARR
So ist es, Prinz Joan, auch wenn du es nicht weißt,
Weil sich der Traum vom ungetreuen Träumer reißt,
Wenn der ihn von sich stößt, aus der Erinnerung.
Zur Stunde da du gingst, entstand der erste Sprung,
Dann wurde draus ein Riss, ein tiefer Felsenspalt,
Dann eine Kluft, ein dunkles Tal alsbald –
Und so von Tag zu Tag ging's fort, von Nacht zu Nacht,

Bis draus der Abgrund ward, der heut' dich schaudern macht.

JOJO
Nun will mich Schuld und Scham zu Boden drücken!
Ich bitt' dich, weiser Narr, hör meinen Hilferuf!
Wenn ich unwissend diesen Abgrund schuf,
Hab ich kein Mittel, ihn zu überbrücken?

NARR
(singt)
Wer aber kann überm Leeren
Schwebende Brücken bauen
Ohne Pfeiler und Bogen?
Niemand kann es dich lehren.
Du musst deinem Stern vertrauen:
Gewogen wirst du, gewogen,
Auf dass sich, was wahr ist, bewahre!
Diesmal aber erreicht
Keiner den Sieg durch die Schwere,
Darum – sei leicht!

JOJO
Versteht ihr, was der Narr da spricht?
Seltsame Litanei!

NARR
Versteh' ich sie doch selber nicht.
Es war wohl Narretei.

Angramain erscheint als riesige Spinne auf der anderen Seite des Abgrundes.

ANGRAMAIN
(für sich)
Was zirpt und schwirrt da drüben?
Ich wittere Gefahr!

NARR
(flüstert)
Mit tausend Augen zwar
Glotzt Madame Potyphar,
Jedoch mit tausend trüben.

Schau, sie erkennt dich nicht!
Du siehst, auch sie hat Schwächen:
Die Gier ist ihr Gebrechen
Und ihre schlechte Sicht.

ANGRAMAIN
(noch immer für sich)
Farbtüpfchen seh ich treiben.
Mir ist, als ob's Gestalten gleicht.
List und Geduld! Ich kann vielleicht
Sie bald mir einverleiben.

ANGRAMAIN
(laut)
Was treibt ihr da, ihr Püppchen?
Wer seid ihr? Sagt, was ihr begehrt!

JOJO
Wir sind ein Gauklertrüppchen
Und hätten gern Euch unsre Kunst gelehrt.

ANGRAMAIN
Mich wollt ihr lehren? Hab ich recht gehört?

JOJO
Ganz recht, Madame. Man hat uns zwar erzählt
Von Eurer Allmacht und Allwissenheit,
Doch kennen wir ein Kunststück, das Euch fehlt
Und ohne das Ihr nicht vollkommen seid.

ANGRAMAIN
Hör zu, mein Freund, und merke dir:
Mit mir ist nicht gut scherzen.
Betrügst du mich, dann stirbst du hier –
Und unter tausend Schmerzen.

JOJO
Bei dieser Art Disput beruhigt mich's recht,
Ihn über einen Abgrund weg zu führen.

ANGRAMAIN
Vor mir schützt dieser Abgrund dich nur schlecht,
Das würdest du, falls du verlierst, bald spüren!

JOJO
Falls ich verliere … Doch wenn ich gewinne,
Was gibt mir Angramain, die große Spinne?

ANGRAMAIN
(für sich)
Er will mich schrecken, weil er meinen Namen kennt,
Und macht mich unbesorgt indessen,
Denn jener, der sich Herr des Landes nennt,
Hat ihn durch mich für immerdar vergessen.
So bin ich sicher: Dieses Mehlgesicht
Ist der, den ich zu fürchten habe, nicht!
(laut)
Weißt du wahrhaftig mehr, als mir bekannt,
Als meine Macht vermag, vermagst du mehr –
Dann überlass' ich dir dies ganze Morgen-Land
Und mache mich davon auf Nimmer-Wiederkehr!

JOJO
Sprichst du im Ernst?

ANGRAMAIN
Im Ernst!

JOJO
So soll es gelten!

ANGRAMAIN
Und nun das Kunststück, das ich nicht durchschau'!

JOJO
Es ist ein Zauberspiel und wahrlich selten.
Gebt acht! Denn ich erklär's zuerst genau:
Denkt Euch zwei fest verschloss'ne Schreine,
Kunstvoll verziert auf jeder Seite.
Den Schlüssel zu dem zweiten birgt der eine
Und den zum ersten wiederum der zweite.
Und null die Kunst, die Euch verborgen ist:
Nicht durch Gewalt, Zerstörung oder List,
Nur mit den Schlüsseln, die im Innern liegen –
Wie stellt man's an, die Schreine aufzukriegen?

Angramain wendet ihm ihr Hinterteil zu, aus dem lange Fäden kommen, die über *den Abgrund wehen.*

NARR
Das muss dich nicht besonders kränken,
Es ist nur ihre Art zu denken.

ANGRAMAIN
Das lässt sich rechnen: Zwei verschloss'ne Schreine,
Jeder enthält den Schlüssel zu dem andern –
An *den* zu kommen, fehlt zunächst der eine,
Den ich bekäme, hätt' ich *diesen* hier,
Doch dazu mangelt wieder jener mir …
(Sie läuft immer spinnend hin und her, sodass sich nach und nach ein Netz über dem Abgrund bildet)

JOJO
So musst du ewig hin und wider wandern
Und all dein spinnewebender Verstand
Reicht doch nicht aus mit abertausend Fäden!
Nur Totes hält dein harter Griff umspannt.
Drum magst du von Vollkommenheit wohl reden!
Lebendiges hast du noch nie erkannt
Und nicht das Werdende, das Morgen-Land.
Doch dies Geheimnis hütet selber sich,
Ist nicht von außen abzulesen.
Nur wer sich drein verwandelt innerlich,
Versteht sein wunderbares Wesen.

ANGRAMAIN
(zornig)
Und deine Schreine – wenn es selbst so war –
Wozu sie schließlich öffnen? Sie sind leer!

JOJO
Wo du das Nichts erblickst, ist eine Kraft,
Verborgen, unerreichbar allem Bösen,
Die aus sich selbst – sich und die Welt erschafft.
Und die vermag's, das Rätsel aufzulösen.

ANGRAMAIN
Es gibt nichts Neues, gibt nichts, was entsteht!

Die Welt ist Staub, der sich im Kreise dreht!
Die Schöpferkraft! Das alte Spiel des Affen,
Der wiederholt, was schon seit je bestand!

ELI
Und doch gab's nicht dies ganze Morgen-Land,
Das du beherrschen willst, hätt' niemand es erschaffen.

ANGRAMAIN
Es war schon immer da – und das genügt.
Nichts Neues wurde je hinzugefügt.
Und da nicht existiert, wovon er spricht,
Bin ich vollkommen – denn es fehlt mir nicht!

JOJO
Was du nicht kennst, das, meinst du, soll nicht gelten?
Du meinst, dass Fantasie nicht wirklich sei?
Aus ihr allein erwachsen künftige Welten:
In dem, was wir erschaffen, sind wir frei.

ANGRAMAIN
Freiheit ist Trug, denn alles ist bedingt,
Notwendigkeit, die uns umringt und zwingt!
Und da nicht existiert, wovon er spricht,
Bin ich vollkommen – denn es fehlt mir nicht!

ELI
Es fehlt dir! O es fehlt dir sehr!
Weißt du dich selber nur von Zwang getrieben?
So ist dein Reich vollkommen liebeleer
Und darum hat es keine Zukunft mehr.
Nur wo wir frei sind, können wir auch lieben!

ANGRAMAIN
Hör' einer sich das süße Schnäuzchen an!
Und freilich hat es auch schon was zu sagen.
Und weil's mich amüsiert, will ich dich fragen:
Was fang ich denn mit Liebe an?
Kann ich sie wägen, zählen, messen?

ELI
Das kannst du nicht.

ANGRAMAIN
Kann ich sie etwa fressen?

ELI
Auch das nicht.

ANGRAMAIN
Wozu nützt sie dann?
Unordnung schafft sie nur, Verwirrung allezeit.
Sie ist ein Fehler! Wenn ein Fehler fehlt,
So fehlt er nicht an der Vollkommenheit.

JOJO
Und doch ist sie's allein, die uns beseelt,
Denn nur die Liebe macht uns schöpferisch.

ANGRAMAIN
Da hör' ich doch das alte Wasch und Wisch!
Das nenn' ich einen schönen Zirkelschluss:
Ihr dreht die Worte bis zum Überdruss
Und wo es aufhört, fangt ihr wieder an,
Beweist das eine immer mit dem andern,
Um wieder dort zu enden, wo's begann!

JOJO
So musst du ewig hin und wider wandern,
Denn was dir dreifach scheint, ist immer nur das eine.

ANGRAMAIN
Genug geschwatzt! Mich ekelt dieses Spiel!
Mit Rätselreden rettet ihr nicht viel.
Nun zeigt mir endlich eure Wunder-Schreine!
Tatsachen einzig überzeugen mich.

JOJO
(nimmt Eli an der Hand)
Wir beide sind die Schreine – sie und ich.

ANGRAMAIN
Dacht' ich's mir doch, dass ihr mich foppen wollt!
Mit leeren Worten zaubert man auf leichte Weise.
Ich forciere unwiderlegliche Beweise,
Weil ihr es sonst mit eurem Leben büßen sollt!

JOJO
Was drohst du mir? Ich bin bereit dazu!
Bald hast du Grund genug, dich aufzuregen.
Ich werde dir beweisen, was selbst du
Nicht leugnen kannst und auch nicht widerlegen.
Die Liebe, sagst du, gibt es nicht,
Nicht Freiheit, noch das schöpferische Spiel?
Wen wundert es, dass Angramain so spricht,
Die nur sich selbst als Zweck erkennt und Ziel!
Denn dem allein sind diese drei gegeben,
Der es vermag, ganz absichtslos zu handeln.
Sie halten gegenseitig sich im Schweben
Und jedes will ins andre sich verwandeln.
Ich war gefangen im Verlies des Bösen,
In tiefer elender Vergessens-Nacht.
Dies Mädchen konnte mir die Fessel lösen
Und ihre Liebe hat mich frei gemacht.
Als ich die Freiheit atmete, da sah ich klar
Und wusste wieder, wer ich bin und war:
Ich bin es, der in Traum und Spiel erfand
Dies ganze mir geraubte Morgen-Land!
Was niemand, auch nicht du, bezweifeln kann:
Dass ich hier steh', ist der Beweis! Hier, sieh mich an!
Erkennst du mich? Ich bin es, Prinz Joan!
Du hast verloren. Steh zu deinem Wort!
Gib mir mein Land zurück und mach dich fort!

ANGRAMAIN
Verflucht! Verflucht! Es kann nicht sein!
Der Knoten war unlösbar fest geschlungen.
Wie immer euch der faule Trick gelungen,
Jetzt geht es um Gewalt – und die ist mein!
Habt ihr, nutzloses Pack, im Ernst gedacht,
Ich ließe mich auf solche Wette ein?
Ihr habt die Rechnung ohne Wirt gemacht!
Euch festzuhalten war mein Zweck allein,
Bis ich die Brücke übern Abgrund spann.
Ihr gingt mir auf den Leim – und ich gewann.
Jetzt komm' ich und verleibe euch mir ein!
(Sie kommt über das Netz, das sich über dem Abgrund gebildet hat, auf sie zu)

Lasst sehn, was eure Zauberkraft vermag,
Wenn ich euch nun in meine Bande schlag'!
Kommt her und kämpft und zeigt mir, was ihr seid,
Ihr Ritter von der Absichtslosigkeit!

Die Monsterfiguren des Damespiels schwärmen aus dem Abgrund, noch grausiger als zuvor. Die Gaukler kämpfen gegen die große Spinne und ihr Gefolge. Angramain schlägt wie mit Peitschen lange Fäden um sie, in denen sie sich verwickeln. Die Gaukler verteidigen sich jeder auf seine besondere Art durch Saltos, Messerwürfe, Feuerblasen usw. Es gelingt ihnen, die Monster in den Abgrund zu drängen, da fallen Angramains Netze über sie, in welchen sie hängen bleiben und sich nicht mehr zu bewegen vermögen. Auch Joan und der Narr sind schon überwältigt, nur Eli ist noch frei. Sie hat das Spiegelscherbchen hervorgezogen und blendet damit die Spinne, sodass diese sie immer wieder verfehlt.

ANGRAMAIN
Verdammtes Gleißen! Buntes Licht-Geflirr!
Das funkelt, glitzert, macht mich irr und wirr!
Was ist das für ein Ding, das mich da blendet?
Hör du, die es beharrlich auf mich wendet:
Es scheint mir sehr begehrenswert. Gib's her!
Du kannst damit das Leben dir erkaufen.
Gibst du es mir und blendest mich nicht mehr,
Dann lass' ich dich und deine Freunde laufen.

ELI
Ich glaub' dir nicht. Du hältst nicht deinen Schwur!
Was du versprichst, das ist Verstellung nur
Und alles, was du sagst, ist Lüge.

ANGRAMAIN
Schon möglich, dass ich dich betrüge,
Doch hast du keine andre Wahl.
Dir nützt kein Feilschen. Gibst du's nicht sofort,
Dann sterben deine Freunde allemal,
Doch gibst du mir's – halt' ich vielleicht mein Wort.
Lohnt diese Hoffnung nicht die kleine Gabe?

ELI

So nimm's. Es ist das Schönste, was ich habe.
(Sie legt das Scherbchen auf den Boden und tritt zurück)

ANGRAMAIN

(greift gierig danach)
Leichtgläubiges Kind! Für nichts hast du's gegeben,
Denn was ich einmal hab', behalt' ich auch.
Mir sammelt sich das Gift im Maul und Bauch.
Verspielt hast du nun euer aller Leben!
(Sie blickt in das Scherbchen)
Was seh' ich da? Wenn nicht mein Auge trügt,
So scheint's, dass dies ein Spiegelbildchen sei.
Und da ein Spiegel, wie man weiß, nicht lügt –
So ist es meins, mein eignes Konterfei!
Wie schön es ist, wie süß! O Herrlichkeit!
So schau' ich endlich doch einmal
Mich selbst, mein höchstes Ideal
In meiner eigenen Vollkommenheit!
O ja, wenn etwas auf der Welt
Den Durst, der ewig mich befällt,
Den ewigen Hunger stillen kann,
Die ewige Leere füllen kann,
Die Gier, verzehrend, kalt und wild –
Wenn jemals etwas mir im Leben
Einmal nur Sättigung kann geben,
So dies allein: Mein eigenes Bild!
(Sie verschlingt es)
Doch weh! Doch weh!
Was für ein fürchterliches Grauen
Erfasst mich mit Gewalt?
Ich muss mich in mir selbst erschauen
In meiner Missgestalt!
Vergeh! Vergeh!
So hab' ich mich denn selbst betrogen!
O Stunde des Gerichts!
Vom Abgrund werd' ich aufgesogen –
Hinweg mit mir ins Nichts!
(Sie stürzt sich in den Abgrund. Dieser lodert für einen Augenblick von grünen Flammen. Während sie zusammensin-

ken, erhebt sich aus ihnen der Zauberspiegel und schwebt über die Klippe empor)

KALOPHAIN
O Eli, Kind und Königin!
Du hast aus mir den Tod vertrieben.
Nimm wieder mich als Diener hin!
Von Selbstsucht ist mir nichts verblieben.
Du gabst mir einen neuen Sinn:
Der ich durch dich verwandelt bin,
Weiß nun zu lieben.

ELI
O Kalophain!
O Spiegel mein,
Kaum glaub' ich meinem Aug' und Ohr!
Wo kommst du her?
Du warst nicht mehr
Und bist nun schöner als zuvor!

KALOPHAIN
Verzehrende Flammen,
Sie fügten zusammen
Was weithin verstreut.
Woran ich zersprungen,
Hat selbst sich verschlungen –
Mich hat es erneut.
Ich will euch erlösen:
Gespinste des Bösen
Bescheine ich hold,
Und lasst ihr mich handeln,
Ich kann sie verwandeln
In leuchtendes Gold!

Die Netze, in welchen die Gaukler gefesselt liegen, verwandeln sich durch den Schein des Zauberspiegels in Goldfäden und fallen ab. Die Gefangenen können sich befreien.

Auch das große Netz über dem Abgrund und dem Morgen-Land blinkt und funkelt nun golden.

LOLA
O seht! Seht her! Wie schön! Wie wunderbar!

DIE PUPPE
(flüstert)
Das ist doch nur ein Traum.

BUX
(ebenso)
Still, Ottokar!
Bei großen Wundern schwätzt man nicht, mein Kleiner.

WILMA
Seht doch! Das Netz ist golden ganz und gar!

PIPPO
Mir kommen Tränen – *(drohend)* lacht da etwa einer?

JUSSUF
Kein Zauber ist mit diesem hier vergleichbar!

NARR
So schließt sich die Geschichte nun zum Ring:
Was erst durch Angramain verloren ging,
Wird durch ihr Werk uns wiederum erreichbar!

ELI
Mein schöner Zauberspiegel, schwebe uns voran
Und führe übern Abgrund uns mit deinem Schein!

JOJO
Wer über goldne Spinnwehfäden tanzen kann,
Der mag uns folgen – und willkommen soll er sein!

Die Gruppe der Gaukler folgt dem schwebenden Zauberspiegel über das Spinnennetz und verschwindet im Morgen-Land. Langsames Dunkel.

Nachspiel

Die gleiche Szenerie wie im Vorspiel.

Musik: Jojos Lied.

Hinter der Silhouette der Industrieanlagen dämmert das erste fahle Morgengrauen. Es beginnt ein wenig zu schneien.

Die Gaukler sitzen und stehen um das Feuer, dessen Schein sie beleuchtet, und sehen zu, wie es langsam erlischt.

Eli ist an Jojos Schulter geschmiegt eingeschlafen. Langes Schweigen. Jojo spielt mit der leeren Flasche, dreht sie um, schüttelt sie, wringt sie aus, schaut mit einem Auge hinein, benutzt sie als Fernrohr, bläst darauf. Schließlich stellt er sie behutsam vor sich hin. Plötzlich setzt der Lärm der Baumaschinen ein, erst noch einzeln und entfernt, dann kommen mehr und mehr dazu.

Die Gaukler schrecken auf und blicken sich gegenseitig alarmiert an. Der Lärm steigert sich und scheint von allen Seiten näher zu kommen. Jojo steht auf, zieht den Vertrag aus der Manteltasche, sucht in all seinen anderen Taschen, bis er einen Schreibstift gefunden hat, dann geht er zu Pippo und bietet ihm beides an. Pippo streckt langsam die Hand danach aus, zieht sie wieder zurück, schaut die anderen an, dann wieder den Vertrag und schüttelt schließlich den Kopf. Jojo geht nun von einem zum andern, doch jeder weigert sich zu unterschreiben. Der Lärm nimmt immer mehr zu.

Eli ist aufgewacht und beobachtet mit großen Augen, was geschieht. Sie fürchtet sich vor den näher kommenden Maschinen. Jojo ist bei Wilma als Letzter angelangt. Wilma nimmt das Papier und betrachtet es lang, dann schaut sie die Kollegen an, nickt bitter lächelnd, aber im Einverständnis mit ihnen und zerreißt den Vertrag langsam und sorgfältig in viele kleine Stücke, die sie ins Feuer wirft. Es züngelt noch einmal auf und erlischt endgültig.

Die Gaukler nehmen Eli in ihre Mitte und stellen sich schützend dicht um sie.

Der Maschinenlärm wird unerträglich laut.

Vorhang

Weitere Titel von Michael Ende bei hockebooks

Der Spiegel im Spiegel
Ein Labyrinth

Der Spiegel im Spiegel – Michael Endes Buch ist ein phantastisches Geschichten-Labyrinth der ganz besonderen Art. Für den Autor selbst war dieses Werk von großer Bedeutung: In Interviews nannte er es gerne seine »*unendliche Geschichte* für erwachsene Leser«. Der Leser wird in eine geheimnisvolle Erzählwelt entführt, voller skurriler Situationen und mysteriöser Schicksale, surrealer Bilder und philosophischer Gedanken. Wer sich staunend diesen Rätselvisionen öffnet und sich auf die phantastischen Geschichten einlässt, der gelangt aus Michael Endes Zauber-Labyrinth mit neuem Blick wieder ins Freie. Kernfrage ist: Was spiegelt sich in einem Spiegel, der sich in einem Spiegel spiegelt? Lesen zwei Leser das gleiche Buch, dann lesen sie dennoch nicht dasselbe. Denn jeder der beiden bringt sich selbst in die Lektüre ein. Das Buch wird zu einem Spiegel, in dem sich der Leser spiegelt. Aber genauso ist auch der Leser ein Spiegel, in dem sich das Buch spiegelt: Der Spiegel im Spiegel verweist den Leser auf sich selbst zurück. Die *FAZ* schreibt, dass Michael Ende mit dem Buch zeige, »wie viel Dunkles, Wildes, Rohes den Träumen innewohnt. Er verharmlost nicht. Seine Träume haben Bezug zur Realität, denn im Traum, schrieb Cicero ›wälzen und tummeln sich in den Seelen die Reste derjenigen Gegenstände umher, die wir wachend gedacht und getrieben haben‹.«

Das Gefängnis der Freiheit
Geschichten von Wundern und Zeichen

Michael Ende, dem Großmeister phantastischer Literatur, gelingt es mit seinen Geschichten, junge und alte Leser aus allen Ländern in seinen Bann zu ziehen. Mit den acht Erzählungen dieses Bandes entführt der große Geschichtenerzähler den staunenden Leser in die Welt der Phantasie, in eine Welt voller Wunder und Zeichen. In dem Erzählband »Das Gefängnis der Freiheit« erzählt Michael Ende von dem Korridor eines imposanten römischen Palazzo, dessen Ende niemals erreicht werden kann, von einer herrschaftlichen Villa, die durch ihr weites, einladendes Portal niemals zu betreten ist – und die Geschichte von einem, der auszog, das Wundern zu lernen. Und auch wenn es die magischen Orte, an denen die phantastischen Geschichten spielen, in Wirklichkeit nicht gibt, erkennen wir sie wieder: Sie führen in die Innenwelt eines jeden von uns, der sich mit den hier versammelten Abenteuern auf eine phantasievolle Reise zu sich selbst begibt.

Das Gefängnis der Freiheit
Erzählung

Michael Ende, der Großmeister phantastischer Literatur, erzählt die rätselhafte Geschichte eines blinden Bettlers, der einem Kalifen aus seinem Leben berichten muss: Als er in die Gewalt von Iblís, dem islamischen Teufel, geriet, findet er sich in einem Kuppelraum wieder – dem einzigen Ort, der sich Allahs Willen entzieht, wie ihm eine mysteriöse Stimme erklärt. Der einzige Ausweg des Bettlers: Er muss eine der Dutzenden Türen des Raumes wählen, allerdings ohne zu wissen, was sich dahinter verbirgt, wenn er sie öffnet …

Aus den Aufzeichnungen des Traumweltreisenden Max Muto Erzählung

Aus den Aufzeichnungen des Traumweltreisenden Max Muto – eine Geschichte voller Geheimnisse und Rätsel, erzählt von Michael Ende: Um die Bewohner der Insel Gronch von einer Buchstabe-Seuche zu befreien, muss der Traumweltreisende Max Muto in den Besitz eines seltenen Wörterbuchs gelangen. Max Muto bricht mit einigen Gefährten zur Suche auf und gelangt in eine geheimnisvolle Stadt, in der seltsame Dinge geschehen: Die Erbauer der Stadt werden auf wundersame Weise von ihren eigenen Gebäuden verschlungen ...

Das Haus an der Peripherie Erzählung

Michael Ende erzählt die Geschichte eines wundersamen Hauses: Als Emil mit seinem Bruder Joseph auf ein unbewohntes Haus stößt, macht er eine rätselhafte Entdeckung: Emil betritt das Haus und will es auf der gegenüberliegenden Seite wieder verlassen – tatsächlich aber kommt er durch dieselbe Tür wieder ins Freie. Das unerklärliche Ereignis lässt die beiden Jungen nicht los: Als Joseph einen Stein durch eines der Fenster wirft, bemerkt er, dass auch auf der Rückseite des Hauses ein Fenster kaputt ist – und der Stein auf der Erde liegt. Und die rätselhaften Ereignisse um das eigenartige Haus reißen nicht ab. Die beiden Jungen beschließen, dem Geheimnis des Hauses auf die Spur zu kommen ...

Der Korridor des Borromeo Colmi
Erzählung

Der Korridor des Borromeo Colmi – Michael Endes Erzählung über einen sagenumwobenen Korridor, der niemals zu enden scheint: Ein alkoholkranker Bettler berichtet dem Erzähler von einem geheimnisvollen Korridor im Palazzo Varanova in Rom, erbaut von dem Arzt, Architekt und Magier Borromeo Colmi. Der einzige Mensch, mit dem der geheimnisvolle Borromeo Colmi freundschaftlichen Umgang pflegte, war der päpstliche Großsiegelbewahrer Conte Fulvio di Baranova. Die Neugier des Erzählers nach besagtem Korridor ist geweckt und es gelingt ihm, zu der letzten Nachfahrin des Conte vorzudringen: Maddalena Bó, eine etwa achtzigjährige, überzeugte Kommunistin. Gemeinsam mit seiner Frau besichtigt der Erzähler den Korridor des Borromeo Colmi – und traut dabei seinen Augen nicht …

Die Legende vom Wegweiser
Erzählung

Michael Ende erzählt in *Die Legende vom Wegweiser* die phantastische Geschichte von einer Reise, deren Ziel das »Tor zur Welt der Wahren Wunder« sein soll: Nach dem Tod seines Vaters schließt sich der 17-jährige Hieronimus dem Magier Tutto Eniente an. Er wird sein Assistent und verlässt, ohne sich um das geerbte Vermögen zu kümmern, die Stadt. Der Magier weiht den Jungen in seine Zauberkünste ein. Schließlich zieht Hieronimus als Conte Athanasio D'Arcana alleine weiter und begeistert seine Zuschauer mit seinen Künsten. Bis er seine eigentliche Lebensaufgabe findet: als Indicavia – als »Wegweiser« – den Menschen den Weg zu zeigen, dessen Ziel das »Tor zur Welt der Wahren Wunder« ist …

Einer langen Reise Ziel
Erzählung

Heimat – was ist das eigentlich und wozu brauchen wir sie? Das fragt sich der Junge Cyril in Michael Endes geheimnisvoller Erzählung *Einer langen Reise Ziel*: Seit Cyril denken kann, reist er mit seinem Vater, einem Diplomaten, durch Europa – von einem Grandhotel zum nächsten. Eines Tages begegnet er einem Mädchen, das vor lauter Heimweh bitterlich weint. Heimweh, ein Gefühl, das Cyril fremd ist. Er erkennt, wie sehr das Mädchen sein Zuhause vermisst und wie glücklich es beim Gedanken an die Heimat ist. Je mehr Menschen er nach der Heimat fragt, desto wichtiger erscheint es ihm, selbst eine zu haben. Und so begibt er sich auf eine abenteuerliche Suche nach etwas, das er als seine Heimat betrachten kann.

Die Archäologie der Dunkelheit
Gespräche über Kunst und das Werk des Malers Edgar Ende
(mit Jörg Krichbaum)

Die Archäologie der Dunkelheit ist die Niederschrift eines mitreißenden Künstlergesprächs. Michael Ende erzählt in noch nie dagewesener Weise von der Malerei seines Vaters und seiner eigenen Beziehung zur Literatur: Mitte der 80er treffen sich die beiden Schriftsteller Jörg Krichbaum und Michael Ende, um über einen Künstler zu sprechen, der von den Nazis als »entartet« verdammt wurde: Michael Endes Vater Edgar Ende. Ursprünglich als reines Informationsgespräch gedacht, entwickelt sich der Austausch rasch zu einem spannenden Gespräch über die Kunst und Malerei des 20. Jahrhunderts, das schließlich mehrere Tage dauert. Welchen Bezug gibt es von den visionären Bildern des Vaters zur magischen Zauberwelt des Sohnes wie in der »unendlichen Geschichte«? Stößt man bereits in den Werken Edgar Endes auf Hinweise darauf, womit Michael Ende Leser auf der ganzen Welt begeistern wird?

Phantasie / Kultur / Politik
Protokoll eines Gesprächs
(mit Erhard Eppler und Hanne Tächl)

Unsere Gesellschaft braucht mehr denn je positive Utopien. Anfang der 80er treffen sich Michael Ende, Hanne Tächl und Erhard Eppler im Tal der Seligen in den Albaner Bergen, nahe Rom. Zwei Tage lang diskutieren der Geschichtenerzähler, die Schauspielerin und der Politiker darüber, wie eine zeitgemäße Utopie aussehen könnte. Welchen Beitrag können und müssen Kultur und Politik für eine bessere Zukunft leisten? Durch den Austausch der Gesprächspartner, die aus ganz und gar verschiedenen Welten kommen, entstehen nach und nach neue Denkansätze für eine bessere und menschlichere Zukunft. Dabei spielt vor allem die Phantasie, die schöpferische Kraft des Menschen, eine überragende Rolle. Ein Debattenbuch, dessen Thesen bis heute Gültigkeit besitzen – denn die Kraft einer positiven Utopie, die die Menschen verbindet, ist in Zeiten globaler Krisen wichtiger denn je.

Der Autor

© Caio Garrubba

Michael Ende (1929–1995) begeistert mit seinen phantastischen Werken nach wie vor Millionen Leser auf der ganzen Welt. Seine Bücher haben eine weltweite Auflage von über 35 Millionen Exemplaren und wurden in mehr als 53 Sprachen übersetzt. Viele seiner Bücher wurden verfilmt oder für Funk und Fernsehen bearbeitet. Für sein literarisches Werk erhielt er zahlreiche deutsche und internationale Preise.

Michael Ende schrieb seine Geschichten für Menschen jeden Alters. Wer Ende liest, muss sich das Staunen bewahrt haben, die Absichtslosigkeit und das magische Denken. Er muss unverbrüchlich daran glauben, dass unsere Welt mehr bereithält als das, was man zählen, messen und wiegen kann. Diese verborgene, verletzliche Ebene des Menschseins wollte er mit seinen Geschichten berühren. Und trifft seine Leser damit mitten ins Herz. Um Michael Ende zu lesen, bedarf es keiner Gebrauchsanweisung. Was wir dazu brauchen, ist einzig unsere Neugier, die Ende sich sein Leben lang nicht nehmen ließ. So wie er sich immer wieder überraschte, überrascht er auch uns beständig aufs Neue, solange wir unsere Türen offenhalten und keine Angst haben, uns dort berühren zu lassen, wo wir ganz wir selbst sind.

Weitere Informationen zu Michael Ende finden Sie unter www.michaelende.de und www.facebook.com/michaelende.de/.